Jansen · Katar

Olaf Jansen

# Katar –
# Der Wüstenstaat
# und die Fußball-
# Weltmeisterschaft 2022

Hintergründe, Standpunkte und Reisetipps

Unter Mitarbeit von Roland Bischof

Arete Verlag Hildesheim

**Bildnachweis:**
Sarah Eick: S. 82
Sebastian Engels Fotografie: S. 140
Hikmet Hodzic: S. 74
Olaf Jansen: S. 19 (u.), 23 (u.), 51 (2x), 55 (2x), 59 (2x), 61 (2x), 69 (2x), 99, 101 (o.), 173, 178, 191
Imago images: S. 9 (ZUMA Press), 29 (Xinhua), 33 (PPE), 37 (Shutterstock), 101 (o.), 101 (u./Laci Perenyi), 105 (Eventpress), iStockphoto.com: S. 11, 23 (o./© Daniel Gauthier 2016), 93 (Shakeel Sha), 172 (Nate Hovee), 177 (KERTU SAARITS)
Jeremias Kettner: S. 39
Claudia Lux: S. 88
NordNordWest, https://commons.wikimedia.org/wiki/File:Karte_Arabische_Halbinsel.png: S. 41
Presented by GmbH: S. 158, 191
Dietmar Schäfers: S. 68
Thomas Strack: S. 146
Stock.adobe.com: S. 19 (o.), 43, 168, 169 (Sophie James), 170 (ben-bryant), 174 (Sophie James), 175, 176 (Franck Camhi), 179 (BENEDETTA BARBANTI), 180 (Leonid ANDRONOV), 185 (2x)
Supreme Committee for Delivery & Legacy: S. 108, 119, 121, 123, 124, 125, 127, 128, 130, 166

**Bibliografische Information der Deutschen Nationalbibliothek**
Die Deutsche Bibliothek verzeichnet diese Publikation in der Deutschen Nationalbibliografie; detaillierte bibliografische Daten sind im Internet über http://dnb.ddb.de abrufbar.

© 2022 Arete Verlag, Osterstraße 31–32, 31134 Hildesheim
www.arete-verlag.de

Layout, Satz und Umschlaggestaltung: Composizione Katrin Rampp, Kempten
Titelfoto: Franck Camhi – stock.adobe.com
Druck und Verarbeitung: Silber Druck, Lohfelden
ISBN 978-3-96423-091-1

# Inhaltsverzeichnis

# Vorwort

Als Sepp Blatter am 2. Dezember 2010 das Blatt mit dem Namen des WM-Gastgeberlandes 2022 in Brusthöhe hob, war die globale Fußballwelt gelinde gesagt erschüttert: „Qatar" stand da doch wirklich auf dem simplen Zettel in den Händen des damaligen FIFA-Präsidenten. Das Emirat hatte sich tatsächlich durchgesetzt im FIFA-Exekutivkomitee. 14 von 22 Stimmberechtigten dieses Gremiums hatten für den kleinen Staat am Arabischen Golf gestimmt. Auf der Strecke geblieben waren die konkurrierenden Bewerbungen von Australien, Japan, Südkorea und der USA.

Wie konnte das geschehen? Wie konnte die WM in ein Land gehen, das bis dahin auf der globalen Fußball-Landkarte als winzig kleiner weißer Fleck markiert worden war? In ein Land, das mit seinen noch nicht einmal drei Millionen Einwohnern auf einer Fläche von rund 11.600 Quadratkilometern – etwa ein Achtel der Größe Österreichs – klein ist und in der Fußballwelt lange Zeit keine Rolle spielte. Bis das Geld kam. 1939 begann das alles ganz langsam, als vor der Küste der kleinen Halbinsel Katars das erste Ölvorkommen entdeckt wurde. 1971 fand man das größte Erdgasfeld der Welt. Und alles begann: Reichtum, Entwicklung, Bedeutung in der Region.

Und es wuchs die Bedeutung im Sport, vor allem im Fußball. Die Scheichs des Emirats haben viele Millionen Dollar in den Bau von Sportanlagen im eigenen Land investiert und damit zahlreiche hochkarätige Sportveranstaltungen nach Katar geholt. 1988 fand die Fußball-Asienmeisterschaft erstmals in Katar statt, 2011 noch einmal. Dazu kamen die U-20-WM 1995 sowie die Klub-WM 2019 und 2020. Zudem war Katar Ausrichter von Megaevents wie den Asienspielen 2006 und den Panarabischen Spielen 2011. Die Handball-WM 2015 und die Leichtathletik-WM 2019 waren dann so etwas wie die Vorläufer des Höhepunktes: die Fußball-WM 2022.

Katar hat aber nicht nur im eigenen Land, sondern auch weltweit investiert – in Fußballverbände, Fußballklubs und Einzelsportler. Und es hat Gewicht im Fußball-Weltverband FIFA bekommen. Mit Mohammed Bin Hammam hatte man 2010 schon einen eigenen Mann im Exekutivkomitee des Fußball-Weltverbandes, der zu jener Zeit als potenter und geschickter Strippenzieher galt.

Heute geht kaum mehr etwas im Weltfußball ohne Katar. Die FIFA unterhält glänzende Beziehungen, es ist ein Geben und Nehmen geworden. Man kennt sich, man profitiert voneinander. Die Kuschelei geht sogar so weit, dass Anfang 2022 bekannt wurde: FIFA-Präsident Gianni Infantino hat sich einen Wohnsitz in Katars Hauptstadt Doha zugelegt. Zwei seiner Kinder gehen im Emirat in die Schule.

Aus katarischer Sicht ist das alles eine einzige Erfolgsgeschichte. Andere sahen die Entwicklung nicht ganz so positiv. Allen voran aus Europa blies den Kataris und der FIFA – mit dem 2. Dezember 2010 beginnend – ein kalter Wind der Ablehnung ins Gesicht. Man könne eine WM nicht in ein derart kleines Land geben, in dem es noch nicht einmal eine Fußballkultur gebe – so begann die Kritik. Sie weitete sich im Laufe der Jahre massiv aus. Fehlende Menschenrechte, ein unwürdiger Umgang mit Tausenden von billigen Arbeitskräften, die sich auf den WM-Baustellen scheinbar zu Tode schufteten – zudem fehlende Pressefreiheit, Unterdrückung von Frauen und die zunehmende Überwachung kritischer Zeitgenossen. Katar steht in großen Teilen westlicher Medien bis heute als Schurkenstaat da

Die Sichtweise scheint sich auch aufgrund des russischen Angriffskrieges gegen die Ukraine und dessen Auswirkungen auf die europäische Energieversorgung noch einmal etwas zu verändern. Im März haben Deutschland und Katar laut Bundeswirtschaftsminister Robert Habeck eine langfristige Energiepartnerschaft vereinbart. Das sei „großartigerweise" fest vereinbart worden, sagte Habeck nach einem Treffen mit dem Emir von Katar, Tamim bin Hamad Al Thani, in Doha. Die Unternehmen, die mit nach Katar gekommen seien, würden nun mit der katarischen Seite in die Vertragsverhandlungen einsteigen, berichtete Habeck.

Aber Fakt ist: Mit der massiven Kritik der internationalen Presse angesichts der miserablen Arbeitsbedingungen der Gastarbeiter geriet das Emirat zunehmend unter Druck – und reagierte. 2015 hat Katar das kritisierte Kafala-System tiefgreifend reformiert. Seither wurden die Arbeits- und Lebensbedingungen der Arbeiter verbessert, ihre Löhne wurden erhöht und ihre Pässe wurden nicht mehr eingezogen, was auch von internationalen Menschenrechts- und Arbeitsschutzorganisationen anerkannt wird.

Dennoch stellt sich die Kernfrage: Darf eine Fußball-WM in einem Land wie Katar stattfinden? Boykottaufrufe schallen vereinzelt durch die Fußballwelt, der Fußball habe mit dieser WM endgültig seine Seele verkauft, so heißt es. Noch im Februar 2022 berichtete die Menschenrechtsorganisation Human Rights Watch über willkürliche Reiseverbote gegen mindestens vier Bürger, die ohne Rechtsgrundlage verhängt wurden. Klar ist: Katar ist ein Land, das nach wie vor autokratisch geführt wird.

Schnell ist man in der Diskussion bei ethischen

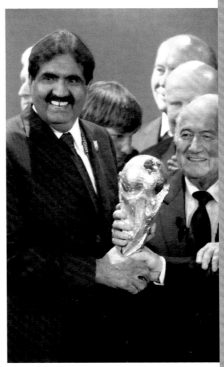

Der damalige Emir Hamad Bin Khalifa Al Thani mit Sepp Blatter 2010 in Zürich

Fragestellungen gelandet. Noch rascher wird dem tiefer ins Thema einsteigenden Interessierten unweigerlich klar, dass sich der riesige Markt Weltfußball keinesfalls mehr von der Weltpolitik und der weltweiten kapitalistischen Marktwirtschaft und ihren Folgen für die Menschheit trennen lässt. Während Pessimisten mit der WM in Katar den Untergang des Volkssports Fußball prophezeien, sagen andere: Die Fußballwelt, in der einzelne Spieler viele Millionen im Jahr verdienen und sich skrupellose Spielerhändler, Klub-Bosse und Dealer jedweder Couleur die Taschen füllen, bekommt mit der WM in Katar logischerweise genau jene Fußball-Weltmeisterschaft, die sie verdient.

Dieses Buch soll keiner der angesprochenen Richtungen das Wort reden, sondern vielmehr Wissen und Hintergründe vermitteln. Denn es ist klar: Nur wer viel über eine Sache weiß, kann sich auch erlauben, in Diskussionen darüber einzusteigen. Außerdem steht ja – egal, was man davon hält – fest, dass die WM in Katar stattfinden wird. Also wird's auch höchste Zeit für all jene, die daran vor dem Fernseher oder als Touristen in Katar Teil haben möchten, sich zu informieren. Über die Begebenheiten vor Ort, die Besonderheiten des Landes und die Infrastruktur und Organisation der WM. Eines ist bei aller Kritik sicher: Die WM wird eine Veranstaltung auf unerhört hohem technischem Niveau. Für die anreisenden Fans beginnt der Gigantismus bereits am Flughafen. Sie landen auf dem 2014 eröffneten Hamad International Airport rund zehn Kilometer vor der Stadt. Vom rund elf Milliarden teuren Flug-Drehkreuz Dohas geht es über die mehrspurige Autobahn – oder besser noch in der 2019 eröffneten Metro – innerhalb weniger Minuten ins Stadtinnere.

Die rund 40 Milliarden teure U-Bahn ist auch für den Transport zwischen den acht WM-Stadien von Bedeutung. Die sind sämtlich ans Metro-Netz angeschlossen – so liegen alle Arenen maximal 75 Minuten Fahrzeit auseinander. Die WM 2022 wird ein Turnier der kurzen Wege wie noch niemals zuvor. Für Fans

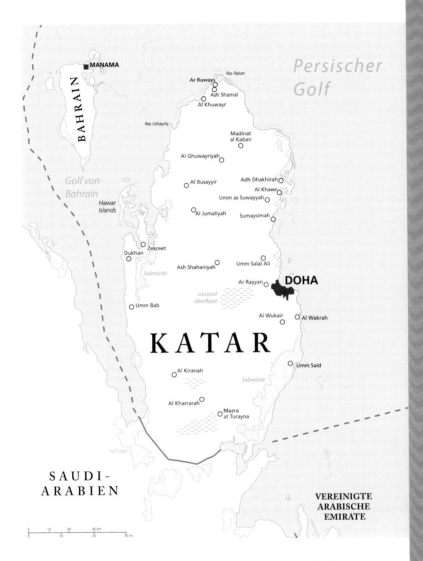

ist es theoretisch kein Problem, gleich bei mehreren Spielen pro Tag live vor Ort dabei zu sein.

Zumindest wird ihnen das möglich sein, wenn sie sich eher mehr als weniger in der digitalen Welt auskennen. In Katar geht beinahe alles über das Internet und Smartphone-Apps. Um überhaupt einen Visumantrag für das Emirat stellen zu können, war es bis Anfang 2022 nötig, sich mittels Passkopien, Buchungsbestätigungen, Covid-Test und Impfzertifikat auf der „Etheraz"-App des staatlichen Gesundheitswesens zu registrieren. Mit dieser Registrierung erhielt man Zugang zur Visums-App. Wer diese Hürde genommen hatte, konnte sich online um eine sogenannte Fan-ID bemühen, mit der man wiederum Zugang zum Tickettool für die Fußballspiele bekam. Beinahe unnötig zu erwähnen: Wissenswertes über Ort, Zeit und sonstige Informationen zu den Spielen, Stadien und Hotels während des Turniers, sind ausschließlich online zu erfahren. Gedrucktes Papier ist aus der Welt Katars nahezu verschwunden.

Datenschutz und Persönlichkeitsrechte sind unter diesen Umständen mutmaßlich eher heikle Themen. All jene, die sich auf die Fan-ID, die Hayya-Card einlassen, um bei der WM dabei zu sein, werden zu gläsernen Menschen. Aufenthaltsort und Bewegungs-Profil des Katar-Besuchers sind im Prinzip jederzeit einsehbar.

Wer sich trotz allem für einen Besuch entschieden und sich bis Doha durchgeschlagen hat, darf hinein: In eins oder mehrere der neuen Stadien, die seit der WM-Vergabe 2010 aus Katars steinigem Boden gestampft worden sind. Die Bauwerke, die mit etwa vier Milliarden Euro Baukosten zu Buche schlugen, gelten aus rein architektonischer Sicht als wahre Wunderwerke.

Und nun viel Spaß beim Lesen, Informieren und Vorbereiten!

Land
&
Leute

# Geschichte und Gegenwart Katars

Das Flugzeug fliegt schon ziemlich tief, dann dreht es noch einmal eine kleine nächtliche Runde über dem Persischen Golf. Bunt angestrahlte Ausflugsboote schaukeln im dunklen Meerwasser, dann dreht der Flieger in Richtung Hamad International Airport. Hell erleuchtete Autobahnen und Schnellstraßen zerteilen das Lichtermeer der Stadt, ehe der Airbus rund zehn Kilometer östlich des Stadtzentrums auf der Landebahn aufsetzt. Noch bevor man einen Fuß auf den Boden Katars gesetzt hat, ist der schier unglaubliche Reichtum des jungen Staates offensichtlich geworden: Das kleine Emirat am Persischen Golf ist eines der wohlhabendsten Länder der Welt. Und zeigt dies auch. Ein Ort wie Doha hat sich in wenigen Jahrzehnten von einer fast dörflichen Kleinstadt zu einer Metropole mit Wolkenkratzern entwickelt. Allein bis zum Beginn der Fußball-WM im November 2022 will das Land 150 Milliarden US-Dollar in den Ausbau seiner Infrastruktur investiert haben. Neben Hotels und Büro-Hochhäusern sprießen Verkehrswege, Sportstätten, Universitäten und Grünanlagen nur so aus dem staubtrockenen Wüstenboden.

Noch vor rund 50 Jahren war von Reichtum allerdings nichts zu spüren am „Daumen Arabiens", wie man die Lage Katars auf Landkarten ganz gut beschreibt. An der Stelle Dohas gab es in der geschützt liegenden Bucht einst lediglich den staubigen Marktort Al Bidda, in dessen kleinen Lehmhäusern vornehmlich Fischer und zuvor die einst für Katar prägenden Perlentaucher lebten. Durch die engen Gassen des Ortes konnten sich gerade einmal Eselskarren als Fortbewegungsmittel zwängen. Al Bidda heißt im Übrigen noch heute ein nördlich gelegener Stadtteil Dohas.

Der einstige Klimawandel hatte die Region restlos austrocknen lassen. Schon lange war das zur Steinzeit noch dicht besiedelte Land nach dem 5. Jahrhundert aufgrund des stetigen Wassermangels verlassen worden. Katar war verwüstet und mehr oder weniger menschenleer. Eine Ausnahme bildeten nomadisch umherziehende Stämme der Beduinen, die das Land durchquerten. Etablieren konnten sich auch einige kleine Handelsplätze an der Küste des „Arabischen Meeres", wie man den Persischen Golf in Katar am liebsten nennt.

Während des 16. Jahrhunderts verbündeten sich die wenigen Kataris mit den Türken, um vordrängende Portugiesen zu vertreiben. Anschließend fiel das heutige Katar gemeinsam mit der gesamten Arabischen Halbinsel unter die offizielle Herrschaft des Osmanischen Königreiches. Allerdings: Die reale Herrschaft behielten die Scheichs und Prinzen der örtlichen arabischen Stämme.

Aus einem dieser Beduinenstämme entstand auch die heutige Herrscherfamilie Katars. Im Jahr 1760 zog die Sippe der Al Thani ins jetzige Katar. Sie gründeten das Dorf al-Bid, aus dem sich später die heutige Hauptstadt Doha („Die Bucht") entwickelte. Das Familienoberhaupt war Scheich Muhammad Al Thani, unter dessen Führung sich die Sippe als stärkste Kraft im Land etablierte. Die bis heute regierende Herrscherfamilie Katars war gefunden.

Die Dinge blieben allerdings nicht ganz konfliktfrei – es gab in der Folge durchaus Konkurrenten, die den Al Thanis das Gebiet streitig machen wollten. Die Sippe der Al Chalifa etwa, die sich im 18. Jahrhundert im heutigen Gebiet Katars etablieren wollten, letztlich aber in Richtung Bahrain verdrängt wurden. Ende des 18. Jahrhunderts fielen die Wahhabiten, eine nach strengen islamisch-orthodoxen Regeln lebende Sekte, in Katar ein und eroberten zeitweise al-Bid.

Noch einmal brandete der Kampf um die Herrschaft Katars Mitte des 19. Jahrhunderts auf: Die Al Chalifas aus Bahrain versuchten erneut, das Gebiet der Al Thanis unter ihre Herrschaft zu zwängen. Erst die Intervention Großbritanniens beendete diesen Konflikt. Letztlich war es ein Vertrag zwischen den Al Thanis und Großbritannien, der die Gegend befriedete und die heutige Herrschaftsstruktur entwickeln ließ.

Allerdings kamen die Al Thanis nach wie vor nicht ohne die Unterstützung aus Europa aus. Die Osmanen wagten im 20. Jahrhundert ebenfalls noch einmal einen Einmarsch wie auch die Wahhabiten – beide konnten aber mit Unterstützung des britischen Königreichs zurückgeschlagen werden. Im Jahr 1915 verließen die letzten Truppen des Osmanischen Reiches das Gebiet Katars. Dafür bildete sich ein anderes Einfallstor vom Meer aus: die Piraterie. Die Küste Katars galt lange – bis in die Mitte des 20. Jahrhunderts – als gefährliche Piratengegend. Die Piraterie wurde erst eingedämmt durch das massive Einschreiten der britischen Ostindien-Kompanie, die ihre blühenden Handelsinteressen mit Indien gefährdet sah.

Anhaltende Stabilität wurde erreicht, als Großbritannien 1971 den endgültigen Abzug seiner Soldaten aus den Gebieten östlich des Suezkanals vollzog und Katar seine Unabhängigkeit ausrief. Gleichzeitig lehnten Katar und Bahrain den Anschluss an die Vereinigten Arabischen Emirate (VAE) ab. Katar trat 1971 als 130. Staat der UNO bei, wurde Mitglied der Arabischen Liga, der OPEC und der Blockfreien Staaten.

Den Herrschern der Al Thani-Familie war es in all den Jahren immer wieder geschickt gelungen, sich mit den jeweils stärksten Kräften der Region zu arrangieren und dennoch eine Art von Neutralität beizubehalten. Das änderte sich auch im ersten Golfkrieg zwischen Iran und Irak (1980 – 88) nicht. Katar blieb offiziell neutral, unterstützte in der Realität aber den Iran. Im zweiten Golfkrieg zwischen Irak und Kuwait (1990–91) stand Katar dann offiziell an Kuwaits Seite.

Zu diesem Zeitpunkt hatte sich Katar längst als eine der reichsten und prosperierendsten Gegenden der Welt entpuppt.

1939 gab es erste Erdölfunde vor der Küste, ab 1949 begann man damit, das „schwarze Gold" zu exportieren. Die komplette wirtschaftliche Orientierung des Landes änderte sich – und die Grundlage für die Modernisierung und Wandlung des gesamten Landes unter der Führung der Scheichs, die anschließend den Titel eines Emirs annahmen, war gefunden.

Für Ärger sorgten nur noch familieninterne Auseinandersetzungen, die zu zwei Staatsstreichen führten: Zunächst entmachtete Ahmad bin Ali Al Thani im Oktober 1960 seinen Vater Scheich Ali bin Abdullah Al Thani, 1972 fiel Ahmad dann selbst einem Putsch seines Vetters Khalifa bin Hamad Al Thani zum Opfer. Die absolute Herrschaft der Familie blieb aber bestehen. 1995 wurde Khalifa seinerseits von seinem Sohn Hamad Bin Khalifa gestürzt, der mit der Einleitung demokratischer Reformen begann.

2013 dankte der Emir von Katar, Sheikh Hamad Bin Khalifa Al Thani, zugunsten seines Sohnes Tamim bin Hamad Al Thani ab. Der 1980 geborene heutige Herrscher Sheikh Tamim bin Hamad ist mit drei Frauen verheiratet: seit 2005 mit Jawaher bint Hamad, seit 2009 mit Anoud bint Mana und seit 2015 mit Noora bint Hathal. Er hat mit ihnen neun Kinder.

Tamim bin Hamad ist als Emir alleiniges Staatsoberhaupt und der insgesamt achte Regent der Al Thanis. Der Emir hat das Recht, die Minister zu ernennen, für die er allein verantwortlich ist. Die Thronfolge ist nach der Verfassung innerhalb der Familiendynastie erblich.

Verfassungspolitisch allerdings hat sich einiges getan in Katar. Seit 2005 wurden grundlegend neue Wege eingeschlagen. Die neue Verfassung (New Permanent Constitution) sieht – zumindest formal – erstmals zentrale Grundrechte wie beispielsweise die Gleichheit vor dem Gesetz, Verbot der Folter, Presse- und Religionsfreiheit vor. Und die Würde des Menschen ist in der Verfassung garantiert. Zudem setzte der Emir eine Beratende Versammlung (Majlis ash Shura) ein, von deren 45 Mitgliedern

30 vom Volk gewählt werden. Frauen haben bei diesen Wahlen das volle Wahlrecht und können auch selbst gewählt werden.

In Katar leben heute etwa 2,8 Millionen Menschen – Tendenz steigend. Allerdings sind nur etwa 300.000 von ihnen katarische Staatsbürger, es gibt also mehr als achtmal so viele „Expatriates", das meint ausländische Gastarbeiter. Sie stammen mehrheitlich aus Indien, Pakistan, Tibet und Bangladesch und arbeiten auf dem Bau oder als Dienstleister im Niedriglohnsektor. Aber auch die Zahl der mittelständischen „Expats" aus Europa, die in westlichen Firmen, welche in Doha investieren, angestellt sind, wächst.

Der Staat bietet ein umfangreiches soziales Fürsorgesystem. Hilfsbedürftige und Mittellose werden relativ großzügig unterstützt. Auf den Straßen Dohas ist keinerlei Elend sichtbar, die medizinische Gesundheitsversorgung ist für alle gemeldeten Bewohner kostenlos.

Katar, das nur halb so groß ist wie Hessen, ist also als eigenständiger Staat erst gut 50 Jahre alt. Aber mit dem Fund der reichen Ölvorkommen vor der Küste und vor allem der riesigen Erdgasfelder ist das Land und in der Folge auch die Bevölkerung reich geworden. Das Bruttoinlandsprodukt (BIP) liegt aktuell bei knapp 100.000 US-Dollar pro Kopf – es ist eines der weltweit höchsten und dürfte angesichts der reichen Rohstoffvorkommen noch mehrere Generationen unverändert luxuriös bleiben. Die Herrscherfamilie verhilft ihrer Bevölkerung mit den Einnahmen aus dem Energiesektor zu außerordentlichen wohlfahrtsstaatlichen Privilegien und dem Land zu einer stetig wachsenden hervorragenden Infrastruktur.

Eindrucksvolle Gebäude – entworfen von international namhaften Architekten –, edle Hotels, Sandstrände, reiche Parkanlagen und Sportangebote, dazu die unendlichen Weiten der Sandwüste – das alles bietet das Emirat seinen Bewohnern und Gästen heute. Dabei legen die Herrscher Wert auf eine Mischung aus

Die Gasvorkommen sind eine wichtige und begehrte Quelle des katarischen Reichtums.

Tradition und Moderne nebeneinander – Blick vom Strand auf die Skyline von Doha.

Moderne und Tradition. So werden neue Gebäude oftmals nach historischen Vorbildern gestaltet, zudem bleibt ein Großteil der Kultur erhalten und wertgeschätzt. An der palmengesäumten Corniche – einer fast acht Kilometer langen Uferstraße entlang der Bucht – reihen sich heute futuristische Hochhäuser und arabische Palastgebäude aneinander. Der inzwischen verstorbene chinesisch-amerikanische Stararchitekt Ieoh Ming Pei, der in Doha das prachtvolle Museum für Islamische Kunst plante, war begeistert über die Möglichkeiten der Stadt: „Die Schönheit dieses Ortes besteht in der Möglichkeit, ihn zu formen."

In Doha steht keine geschützte Altstadt im Weg, es müssen keine bestehenden Viertel bewahrt werden – man kann losplanen und bauen, wie es einem gefällt. So wachsen mit dem scheinbar endlos verfügbaren Geld auch prunkvolle Fußballstadien mit riesigen grünen Feldern drum herum mitten aus der Wüste. Zweifelsohne entstehen hier, wo herrlich grün leuchtende Golfplätze, vollklimatisierte Eishallen bei 50 Grad Lufttemperatur und künstlich geschaffene Inseln im Meer für traumhafte Freizeitbedingungen sorgen, gigantische Umweltsünden. Katar und einige seiner Nachbarländer, die über ähnlichen Reichtum verfügen, rangieren bei den Klimasündern weltweit an der Spitze. Die Einwohner von Katar verursachten laut „Statista" im Jahr 2019 durchschnittlich 30,68 Tonnen Kohlenstoffdioxid. Im Vergleich dazu war der energiebedingte Pro-Kopf-$CO_2$-Ausstoß von US-Amerikanern mit rund 14 Tonnen etwa halb und von Deutschen mit rund 7,8 Tonnen etwa ein Viertel so hoch. Durchschnittlich entstanden im Jahr 2019 weltweit 4,7 Tonnen $CO_2$-Emissionen pro Kopf.

Nicht unterschlagen werden darf, dass Katar wie auch die anderen Emirate und Königreiche der Region nach wie vor autoritär regiert wird. Kritische Fragen nach Arbeitsbedingungen, umweltpolitischen Sündenfällen wie Eislaufflächen in klimatisierten Einkaufsmalls können kaum gestellt werden. Es gibt faktisch weder Demonstrations- noch Pressefreiheit im Land.

Diese nach außen hin kritikfreie Landschaft kam in der Vergangenheit Sportorganisationen wie FIFA und IOC entgegen, die auf der Suche nach konfliktfreien Austragungsorten für ihre Events waren. Schließlich hatten und haben diese zunehmend damit zu kämpfen, dass internationale Großevents in demokratischen Staaten von der Öffentlichkeit immer misstrauischer betrachtet werden und bei Referenden nur noch selten Zustimmung erhalten. Unvergessen ist in diesem Zusammenhang die Aussage des damaligen FIFA-Generalsekretärs Jerome Valcke, der 2010 ganz offen zugab: „Manchmal ist weniger Demokratie bei der Planung einer WM besser."

Das Emirat ist in der Weltwirtschaft zu einem wichtigen Player herangereift. Der Familie des Emirs gehören beispielsweise Anteile an der Deutschen Bank, Siemens, Volkswagen, Hapag Lloyd, dem russischen Mineralölunternehmen Rosneft, diversen Luxemburger Banken, der Barclays Bank und der Bank Credit Suisse.

Basierend auf dem immensen Reichtum des Landes sind in Katar acht WM-Arenen entstanden, die auf der Welt ihresgleichen suchen. Sie wurden als Meisterwerke zeitgenössischer Architektur errichtet und bieten funktional den modernsten Standard. Um den wachsenden globalen ökologischen Ansprüchen gerecht zu werden, wurden sie nach Angaben der Veranstalter nachhaltig gebaut und entwickelt: Die Energie für die Klimaanlagen in den Stadien kommt aus Ökostrom, nach der WM sollen komplette Ränge der rückbaubaren Arenen an Entwicklungsländer verschenkt werden.

Neben dem Sport setzen die Machthaber in Doha aber auch auf Bildung und Kultur. So ist im Norden der Stadt, im Viertel von Al-Rayyan, in der „Education City" nicht nur ein WM-Stadion, sondern auch ein riesiges Universitätsgelände entstanden. Es beherbergt unter anderem Ableger von mehreren amerikanischen und westlichen Hochschulen und soll das sog. Brain-Drain, also die Talentabwanderung der Gebildeten aus dem

Nahen Osten stoppen oder sogar umkehren. Man ist dabei absolut international ausgerichtet: Die 2.000 Studierenden des akademischen Jahrgangs 2006/07 beispielsweise stammten aus 45 Ländern, darunter Indien, Pakistan, Südafrika, Neuseeland und den USA. Etwa die Hälfte der Absolventen des Jahres 2013 kam aus Katar selbst. Die Familie des Emirs investierte zudem großflächig in die Infrastruktur des Landes. Krankenhäuser, Schulen, Kraftwerke und zahlreiche soziale Einrichtungen entstanden.

Ein großes Problem bleibt für Katar die Lebensmittelversorgung. Weil nur 0,3 Prozent der Landfläche als Ackerland genutzt werden kann, das auch noch bewässert werden muss, wurden und werden über 90 Prozent aller Lebensmittel importiert. In den vergangenen Jahren wurden Viehfarmen ausgebaut und der Fischfang intensiviert. Grundsätzlich wird aber weiterhin intensiv an Konzepten gearbeitet, mit denen sich Katar in Zukunft von derlei Importen unabhängiger machen möchte.

Beeindruckende Sport- und Kultureinrichtungen fördern das Image und den Ruf des Landes, zudem hat Katar in der Vergangenheit einiges getan, um seine politische Bedeutung in der Region zu stärken. Das Land nahm in Konflikten in Krisenregionen zunehmend eine Vermittlerrolle ein. Zuletzt geschehen in Afghanistan, als Katar zwischen den Taliban und westlichen Vertretern vermittelte, um Ausländer aus Afghanistan ausfliegen lassen zu können. Die USA betreiben seit vielen Jahren in Katar ihre größte Militärbasis in der Region. Das Emirat sieht sich selbst als Mittler und will mit allen im diplomatischen Gespräch bleiben. Auch westliche Regierungen wissen das zu schätzen.

Für den winzigen Wüstenstaat ist diese Vermittlerrolle eine Art Lebensversicherung. Denn auch Katar ist vor Konflikten mit den Nachbarstaaten keineswegs gefeit. 2017 kappten die arabischen Nachbarländer Saudi-Arabien, Vereinigte Arabische Emirate, Bahrain und Ägypten sämtliche Beziehungen zu Katar und schlossen ihre Grenzen zum Land. Der staatlichen Fluggesellschaft Qatar Airways wurden keine Landegenehmi-

In der Education City haben auch westliche Universitäten Dependancen.

Eisfläche in einer Mall im Stadtteil Aziziya in Doha

gung mehr erteilt und die Überflugrechte entzogen. Man warf dem kleinen Emirat vor, radikal islamistische Organisationen zu unterstützen. Katar lebte fortan von den guten Beziehungen mit dem Iran, aus dem Lebensmittel und andere lebensnotwendige Dinge importiert werden konnten. Erst im Januar 2021 beendete Saudi-Arabien die Blockade Katars nach Vermittlung Kuwaits. Politischen Kommentatoren zufolge ist Katar als Sieger aus dem Konflikt hervorgegangen. Man habe den Nachbarn seine wirtschaftliche und politische Widerstandskraft bewiesen, so der allgemeine Tenor.

Die Entwicklung geht unaufhaltsam voran in Katar, dabei hat das Land seit Beginn des Wachstums ein riesiges Problem: Es gibt viel zu wenige Arbeitskräfte. Ohne den Einsatz ausländischer Arbeiter hätte man niemals die für die WM notwendige Infrastruktur errichten können. Dem Land blieb also gar nichts anderes übrig, als Menschen von außen anzuwerben, um den Bau von sieben neuen Stadien, einem Flughafen, zahlloser Straßen, Hotels, Parks und der U-Bahn sicherstellen zu können. So kamen weit über zwei Millionen Arbeitskräfte aus asiatischen Entwicklungsländern ins Land, die teils unter menschenunwürdigen Bedingungen schuften mussten.

Erst auf Druck aus dem Ausland wurden die Bedingungen nach und nach verbessert, einschneidend war dabei das Verbot des lange Jahre währenden Kafala-Gesetzes, mit dem Arbeitskräfte gewissermaßen ihrem Arbeitgeber ausgeliefert waren und ihre Arbeits- und Reisefreiheit an diesen abtraten. 2019 verabschiedete der Ministerrat Katars dann neue Gesetze, die es den Arbeitnehmern ermöglichen, ihren Arbeitgeber frei zu wechseln. Seitdem hat das Land weitere wichtige Reformen zur Verbesserung der Arbeitsbedingungen durchgeführt und etwa ein Gesetz zur Einführung eines flächendeckenden, diskriminierungsfreien Mindestlohns verabschiedet. Inwieweit diese Gesetze vor Ort von allen Baufirmen allerdings auch eingehalten werden, ist immer noch Gegenstand lebhafter Diskussionen.

# Scheich Hamad bin Khalifa Al Thani – die treibende Kraft

Als Katar im Dezember 2010 den Zuschlag für die WM erhielt, war das auch ein gewaltiger persönlicher Erfolg des damaligen Emirs des Landes, Scheich Hamad bin Khalifa Al Thani. 1952 als ältester Sohn Khalifa ibn Hamad Al Thanis geboren, hatte Hamad 1995 die Macht im Land per „sanfter Revolution" übernommen und begonnen, das Land Stück für Stück zu modernisieren. Als glühender Sportfan gelang es Hamad, 2006 die Asienspiele nach Katar zu holen.

Die WM 2022, die Katar 2010 zugeschlagen wurde, war sozusagen sein Meisterstück. Gemeinsam gelungen mit seinem Landsmann Mohammed Bin Hammam. Der hatte in Katar als Bauunternehmer Millionen gemacht und eine Karriere als Fußballfunktionär eingeschlagen. Schon 1996 ins FIFA-Exekutivkomitee eingezogen, wurde er 2002 als erster arabischer Vertreter zum Präsidenten des Asiatischen Fußballverbandes (AFC) gewählt. Doch schon kurz nach dem Triumph 2010 folgte Bin Hammams Absturz. Er wurde vor das FIFA-Ethiktribunal gezogen, man warf ihm, der eigentlich Sepp Blatter als FIFA-Präsident beerben wollte, Korruption im großen Stil vor. 2012 wurde er lebenslang für alle offiziellen Posten im organisierten Weltfußball gesperrt – wie übrigens auch fast alle anderen FIFA-Exekutivkomitee-Mitglieder aus 2010. Von den 22 Funktionären, die damals für Katar als WM-Austragungsort stimmten, war Ende 2021 nur noch ein einziger im Amt. Und nach Bin Hammams Aus stand Hamad bin Khalifa gewissermaßen mit der WM in Katar allein da.

Zumal sein Plan eigentlich ein anderer war. Ursprünglich hatte Hamad die Idee, eine WM gemeinsam mit den Nachbarstaaten auszurichten. Doch als keiner der Nachbarn auf das

Angebot ansprang, zogen die Kataris die Sache schließlich ganz allein durch. Und es war Katars unmissverständliche Eintrittskarte nicht nur in die obersten Kreise des Sports – das kleine Emirat machte mit diesem Coup auch einen für seine Verhältnisse großen Schritt auf der Bedeutungsskala im Weltgeschehen.

Zu verdanken hat das Emirat diesen Aufschwung natürlich in erster Linie seinen gewaltigen Einnahmen aus dem Öl- und Gasgeschäft. Allerdings trägt auch hier Hamad bin Khalifa Al Thani einen großen Teil an Mitverantwortung. Denn er war es, der die bis dahin unbefriedigende Wertschöpfungskette aus den enormen Gasvorkommen mittels eines grundlegenden Reformprozesses perfektionierte. Und damit Katar, das in den 80er Jahren unter sinkenden Einnahmen aus dem Ölgeschäft litt, wieder auf Kurs brachte. Der junge Emir investierte bis 2009 rund 120 Milliarden US-Dollar in die Gasförderung und die Modernisierung der petrochemischen Industrie. Hamad bin Khalifa Al Thani betrieb aber auch die Diversifikation der einseitig auf Öl und Gas ausgerichteten Wirtschaft und stieß die Entwicklung Katars zum internationalen Finanzplatz und Konferenz-Standort an. Dazu erleichterte der Emir ausländische Investitionen und Beteiligungen an katarischen Firmen.

Wie durchsetzungsstark der junge Emir ist, musste Mitte der Neunziger Jahre auch sein Vater erfahren. Am 27. Juni 1995 erklärte Hamad bin Khalifa Al Thani bei einem unblutigen Putsch seinen Vater, der gerade zum Urlaub in die Schweiz weilte, für abgesetzt und ergriff die Macht im Emirat. Der Wechsel zeigte, dass Machtfragen nach wie vor innerhalb der Führungsgruppen der Sippe der Al-Thani geklärt wurden. Internationale Berichterstatter analysierten, Hamad habe das Land zuvor schon de facto geführt, und sein Putsch sei vielmehr die Reaktion auf Versuche seines Vaters gewesen, das Steuer wieder selbst zu übernehmen. Gefestigt war Hamads Macht aber erst im Februar 1996, als ein gewaltsamer Umsturzversuch, an dem auch sein Vater beteiligt gewesen sein soll, vereitelt werden konnte.

Katar wurde in der Folge zu einem großen Player in der Weltwirtschaft. In Deutschland noch heute präsent ist der große Deal mit der Deutschen Bahn, die 2009 den Auftrag für den 17 Milliarden Euro schweren Bau einer U-Bahn und Regionalbahnlinie in Katar erhielt. Doch Katar erwarb auch vermehrt Firmenanteile im Ausland. Über den 2005 gegründeten Staatsfond Qatar Investment Authority (QIA) holte man sich Anteile an der Barclays Bank, der Deutschen Bank, der Londoner Börse, der Credit Suisse, bei Volkswagen und Porsche (2013 wieder abgegeben) oder im Dezember 2010 am Baukonzern Hochtief. Dies geschah im Übrigen nur wenige Tage, nachdem Katar den WM-Zuschlag erhalten hatte. Der ganz große Bauboom im Land konnte also starten.

Massiv investierte Katar unter der Anleitung des Emirs auch in Frankreich. Vor allem in der Ära des Staatspräsidenten Nicolas Sarkozy, mit dem sich Hamad ausgezeichnet verstand, schraubte Katar seine Investitionen im Land immer weiter in die Höhe. Anteile an der Mediengruppe Lagardére, an den Bau- und Umwelttechnikkonzernen Vinci und Veolia waren nur eine Art Vorspiel, ehe im Juni der Kauf von 70 Prozent der Anteile am Pariser Fußballklub Paris Saint-Germain folgte.

Schon 2004 hatte man in der Sportwelt mit dem Bau der Aspire Academy für Schlagzeilen gesorgt. Entstanden war ein riesiger Sportkomplex mit modernsten Anlagen und Stadien quasi jedweder Art. Unter anderem 12 Fußballfelder und der riesige Aspire Dome, ein Indoor-Stadion für 15.000 Besucher, setzten zu jener Zeit Zeichen in Sachen Sport-Infrastruktur. Man wollte international auf sich aufmerksam machen, aber mit einem Sport-Talentprogramm auch die Jugend für Leistungssport begeistern. Jedes Jahr wurden Stipendien verteilt, mit dem die talentiertesten Jugendlichen aus Katar und später auch aus aller Welt eine sportliche Laufbahn mit parallelem Schulbesuch angehen konnten. Die Academy etablierte sich allerdings mit ihren Möglichkeiten auch als Trainingslager für internationale

Top-Sportler und Vereine. So absolviert der FC Bayern München schon seit Jahren sein Wintertrainingslager beim Sponsoring-Partner in Katar.

Auch die USA waren bald „nicht mehr sicher" vor Katar. 2013 gelang der Einstieg in den US-TV-Markt, als der in Doha ansässige Fernsehkanal Al Jazeera den von Al Gore gegründeten linksliberalen US-Sender Current TV übernahm. Al Jazeera war 1996 gegründet worden und hatte das TV-Segment in der arabischen Welt gewissermaßen komplett revolutioniert. Es war eine deutliche Annäherung an den Westen spürbar, was in konservativen arabischen Kreisen keineswegs überall Beifall fand. Al Jazeera zeigte sich offen gegenüber der westlichen Welt und ließ auch Kritiker der arabischen Welt zu Wort kommen. Zu Beginn des „Arabischen Frühlings" 2011 trugen die Bilder von Al Jazeera entscheidend zum Sturz des tunesischen Machthabers Ben Ali bei.

Der Reformprozess in Katar fand 1999 auch Ausdruck in ersten, demokratischen Gemeinde-Wahlen mit – erstmals in einem arabischen Golfstaat – aktivem und passivem Frauenwahlrecht. Zudem wurde unter Anleitung des Emirs im Juni 2005 mit Inkrafttreten einer neuen Verfassung der Reformprozess im Land vorangetrieben. Katar bezeichnete sich nunmehr als unabhängiger, demokratischer arabischer Staat mit dem Islam als Staatsreligion. Die Vorherrschaft der Al-Thani blieb indes unangetastet. Versinnbildlicht war der Fortschritt im Anstieg der Bevölkerung von ursprünglich allenfalls 200.000 auf rund 1,7 Millionen Einwohner bis 2010, indem man günstige Arbeitskräfte aus asiatischen Entwicklungsländern anwarb. Dazu erfolgte der Ausbau Dohas zu einer Metropole mit ambitionierten kulturellen, sportlichen und bildungspolitischen Projekten. Eine Schlüsselfunktion gewann die Bildungspolitik, besonders zugunsten von Frauen. 2003 wurde in Doha der 14 Quadratkilometer umfassende Campus „Education City" eröffnet, wofür die Kataris auch renommierte Universitäten aus aller Welt gewannen, die hier Dependancen mit hohem Frauenanteil errichteten.

Seinen Anspruch auf eine führende Rolle in der arabischen Welt meldete Hamad bin Khalifa Al Thani im März 2009 mit dem Gipfel der Arabischen Liga in Doha an. Ebenso pflegte der Emir zunehmend enge Beziehungen zu den wichtigsten westlichen Partnern USA, Großbritannien und Frankreich, die fortan Katars Sicherheit garantierten und wirtschaftlich wie militärisch Präsenz zeigten.

Hamads Macht hatte bis ins Jahr 2013 Bestand. Dann kündigte er an, die Geschäfte an seinen Sohn, Tamim bin Hamad bin Khalifa Al Thani abgeben zu wollen. Dies gilt als erstes Mal, dass ein arabischer Monarch zu Lebzeiten freiwillig auf seinen Thron verzichtet. Als Gründe wurden gesundheitliche Probleme des Herrschers angeführt.

Emir Tamim bin Hamad Al Thani mit Gianni Infantino während des Arab-Cup 2021

Eine wichtige Rolle im Modernisierungsprozess Katars spielte und spielt auch Khalifas zweite Frau Moza bint Nasser al Missned, die er 1977 als damalige Soziologiestudentin heiratete und mit der er sieben Kinder hat. Als „First Lady" avancierte Moza zu einer dominierenden und treibenden Kraft bei der Modernisierung Katars. Sie setzte sich besonders für Wissenschaft, Forschung, Kultur sowie die Förderung von Frauen ein und leitet noch heute die 1995 gegründete „Qatar Foundation".

# Sheikha Moza Bint Nasser – die heimliche Herrscherin

Frauenpower in Katar: Sheikha Moza Bint Nasser, Mutter des derzeitigen Emirs von Katar, ist eine stete Antreiberin, wenn es gilt, das erzkonservative Katar umzubauen in eine Gesellschaft, die mit moderneren Werten, Techniken und einer offenen Kultur Beispiel sein will für die arabische Welt.

Die Präsidentin der Qatar Foundation wurde einmal als „das aufgeklärte Gesicht eines im Wandel befindlichen konservativen Regimes" beschrieben. Das dürfte nicht schlecht getroffen sein. Als sich Moza 2003 erstmals gleichberechtigt an der Seite ihres Mannes Hamad bin Khalifa al Thani auf internationalem politischem Parkett zeigte, war das Erstaunen bei vielen in ihrer Heimat groß. Frauen hatten in der arabischen Politik zuvor niemals eine Rolle gespielt. Gemeinsam mit ihrem Ehemann gründete die 1959 geborene Frau die Qatar Foundation for Education, Science and Community Development (QF). Ziel: Katar sollte sich mittels einer Bildungs- und Wissenschaftsoffensive aus der Abhängigkeit von der Kohlenstoffwirtschaft herausbewegen. Moza Bint Nasser war Macherin dieser Entwicklung und Aushängeschild für die Stiftung, eine gemeinnützige Organisation mit 50 Einrichtungen. Die Stiftung unterhält heute Partnerschaften mit führenden internationalen Institutionen – Bint Nasser hat sich in der Leitung nationaler und internationaler Entwicklungsprojekte als äußerst geschickt erwiesen.

Nachdem ihr Mann durch einen unblutigen Staatsstreich 1995 an die Macht gekommen und das Land mittels großer Investitionen in die Erdgasproduktion langfristig stabil ausgerichtet hatte, machte er sich gemeinsam mit seiner zweiten Ehefrau Moza daran, das Land für die Zukunft breiter aufzustellen. Katar solle ein „lebendiges und wohlhabendes" Land sein, „mit wirtschaftlicher und sozialer Gerechtigkeit für alle und Harmonie zwischen Menschen und Natur", so der explizite Wunsch der First Lady, die ja eigentlich „Second Lady" ist. Sie ist die zweite von insgesamt drei Ehefrauen des Emirs.

Education City wurde gegründet, ein ganzer Stadtteil vollgestopft mit Bildungseinrichtungen. Moza führte als Chefin dieser Entwicklung das Zepter und holte internationales Wissen nach Katar. Acht Universitäten – sechs amerikanische, eine britische und eine französische – haben jeweils einen Zweigcampus in Education City, darunter das University College London, HEC Paris und die US-amerikanische Georgetown-Universität. Mozas Entscheidung, in Education City Englisch als Amtssprache einzuführen, zeigt ihr internationales Denken, aber auch ihre Bereitschaft zu Auseinandersetzungen mit der Opposition im eigenen Land. Denn die Gegenwehr aus dem konservativen Lager ihres Landes war heftig und die Konkurrenz der beiden Lager währt bis heute. Dass Moza bint Nasser gegen viele Widerstände bereits im Jahr 2000 das Frauen-Sportkomitee des Landes Katar gründete und sich auch um die Entwicklung des Frauenfußballs kümmerte, klingt beinahe schon nach einer Selbstverständlichkeit.

Ihre Bedeutung für den Fortschritt ließ sich in den 2000ern immer mal wieder an symbolischen Akten erkennen: Als 2012 die Minister zum Klimagipfel in Katar eintrafen, erschien Sheikha Moza höchstpersönlich zur Einweihung der ersten Solar-Testanlage und drückte den Startknopf. Man war schon damals in Katar festen Willens, in Zukunft weniger abhängig von fossilen Brennstoffen zu werden – die Katarer erkannten, dass in der Solartechnologie neue wirtschaftliche Chancen, Exportmärkte und Jobs steckten. Auch hier war Moza das Gesicht dieser Entwicklung. Als stellvertretende Vorsitzende des Obersten Gesundheitsrats war Sheikha Moza Bint Nasser zudem von 2009 bis 2014 für große Gesundheitsreformen im Land verantwortlich. Seit 2016 ist sie Präsidentin von Sidra Medicine, einem Ausbildungs- und

Moza bint Nasser sieht sich als Vorkämpferin für Frauenrechte in Katar.

Forschungskrankenhaus, das eine führende Institution für die Betreuung von Frauen und Kindern ist.

Auch international hat sich Moza einen Namen gemacht. Sie bewegt sich sicher durch die weltweite Polit-Gesellschaft, verhandelt selbstbewusst auf Augenhöhe mit sämtlichen Führungskräften. Dabei ist immer wieder auffällig, dass sie auch äußerlich polarisieren möchte. Während sie in ihrer Heimat stets in der traditionellen schwarzen Abaya auftritt, zeigt sie sich im Ausland gern in figurbetonter westlicher Kleidung. Elegant und selbstbewusst sieht man sie dann in einem schicken Hosenanzug auf dem gesellschaftlichen Parkett wandeln.

International gründete Moza unter anderem „Education Above All" (EEA), ein Projekt mit dem Ziel, mittels hochwertiger Bildung einen Beitrag zur menschlichen, sozialen und wirtschaftlichen Entwicklung zu leisten. Die Organisation hat sich verpflichtet, weltweit über zehn Millionen Schulkinder aus Krisengebieten zu fördern. Als Sonderbeauftragte hat Moza Bint Nasser mit der EEA beispielsweise die Hochschulbildung im Irak gefördert und sie setzt sich aktiv für die Bekämpfung der Jugendarbeitslosigkeit in der MENA-Region (Mittlerer Osten und Nordafrika) ein. Auch politisch hat Mozas Wort in der Geschichte Katars zunehmend Gewicht erhalten. Die Entscheidung Katars, im „Arabischen Frühling" 2011 die libyschen Rebellen zu unterstützen, wird nicht zuletzt auf ihren Einfluss zurückgeführt.

Dass Moza einmal zur perfekten Botschafterin ihres Landes heranreifen würde, war dabei kaum vorherzusehen. Denn ihre familiäre Basis war aus Sicht der Al Thani-Familie nicht ganz unproblematisch. Als Tochter von Nasser bin Abdullah Al-Misned, einem Kaufmann und aktiven Regime-Kritiker aus dem Norden des Landes, musste sie Anfang der 60er-Jahre mit ihrer Familie ins Exil nach Kuwait flüchten, nachdem ihr Vater aus dem Gefängnis entlassen worden war. Der war stets harter Kritiker des Emirs, hatte vehement eine gerechtere Verteilung des Reichtums an alle Bürger des Landes gefordert. Moza studierte später Soziologie und lernte als Studentin Hamad bin Khalifa kennen, den sie im Alter von 18 Jahren heiratete. Sie hat mit Hamad fünf Söhne und zwei Töchter. Ihr ältester Sohn Tamim bin Hamad Al Thani ist seit 2013 Emir von Katar.

# Nasser Al-Khelaifi – der Gesandte

Nachdem Scheich Hamad bin Khalifa Al Thani die Macht im Staat 2013 an seinen Sohn Tamim bin Hamad Al Thani übergeben hatte, fand dieser in Nasser Al-Khelaifi einen guten Freund und Geschäftspartner, mit dem er die Umsetzung der WM-Organisation gemeinsam vorantrieb.

Die beiden kannten sich schon als Kinder, als Nasser und der sechs Jahre jüngere Tamim gemeinsam zum Tennisunterricht gingen. Nasser Al-Khelaifi erwies sich als der Talentiertere, wurde Tennisprofi. Und später dann wurde der ehemalige Tennisprofi, der übrigens auch Präsident des katarischen Tennisverbandes ist, von Tamim als einer der wichtigsten Sportfunktionäre Katars in Amt und Würden gehoben und füllt diverse Posten seither mit hoher Professionalität aus. Und nicht nur das: Mit Unterstützung Tamims gründete Nasser Al-Khelaifi das bedeutsame Medienunternehmen BeIn-Sports, das aus dem TV-Sender Al Jazeera hervorging und mittlerweile wichtigster Sportsender Arabiens ist. Al-Khelaifi entstammt nicht der allmächtigen Al Thani-Familie, sondern schaffte den Sprung als Sohn eines einfachen Fischers über seine Tenniskarriere, mit der er die Familie des Emirs beeindruckte.

2011 hatte Al-Khelaifi zu jenem großen Wurf ausgeholt, der ihn mit einem Mal an die Spitze des Weltfußballs führte: Er kaufte 70 Prozent des französischen Klubs Paris Saint-Germain und baute diesen in den Folgejahren mit vielen Millionen aus Katar zu einem der führenden Klubs der Welt aus. Was mit der Verpflichtung von Zlatan Ibrahimovic und David Beckham begann, gipfelte in den Transfers von Neymar, Kylian Mbappé und schließlich 2021 in dem von Lionel Messi. Geld spielt schlichtweg keine Rolle auf dem Weg von PSG zur Nummer

Nasser Al-Khelaifi spielt als Präsident von Paris Saint-Germain mittlerweile nicht nur im europäischen Fußball eine zentrale Rolle.

eins in der Welt. Was Klub-Präsident Nasser Al-Khelaifi bislang allerdings noch fehlt, ist der ganz große Erfolg: Den Titel in der Champions League konnte sein Verein noch nicht holen – bislang hat's nur für den Einzug ins Endspiel 2020 gereicht, das PSG allerdings gegen den FC Bayern verlor.

Dafür spielt Klubchef Nasser Al-Khelaifi schon jetzt eine führende Rolle auf Funktionärsebene. 2013 wurde er in Katar als „Minister ohne Geschäftsbereich" in die höchsten Gremien befördert. Mit dem Geldsegen aus Katar im Rücken wurde er 2016 von „France Football" als „mächtigster Mann im Weltfußball" bezeichnet. Stehen irgendwo Entscheidungen an – Al-Khelaifi spricht mit. Seit 2019 ist er im Übrigen auch Mitglied im UEFA-Exekutivkomitee – als erster Nicht-Europäer überhaupt in der Geschichte des Europäischen Fußballverbandes. Der Emissär des Emirs aus Katar und Chef des Staatsfonds Qatar Sports Investments sitzt neuerdings auch der European Club Association vor. Der Vereinigung gehören 246 Clubs an.

Aber es lief nicht alles reibungslos: Erst 2020 ist Nasser Al-Khelaifi vom Schweizerischen Bundesstrafgericht in Bellinzona vom Vorwurf der Anstiftung zur ungetreuen Geschäftsbesorgung freigesprochen worden. Die Staatsanwaltschaft, die es als erwiesen angesehen hatte, dass der katarische Geschäftsmann den früheren Generalsekretär des Internationalen Fußball-Verbandes (Fifa), Jerome Valcke, beschenkt habe, um bei der Vergabe von Übertragungsrechten zum Zug zu kommen, hatte für al Khelaifi zwei Jahre und vier Monate Haft gefordert, für Valcke drei Jahre. Al Khelaifi bezeichnete den Freispruch als „vollständige Rehabilitierung".

# Katar und sein regionales Umfeld

von Dr. Jeremias Kettner

*Dr. Jeremias Kettner ist Politikwissen-schaftler und Experte für Außenpolitik mit dem Schwerpunkt europäisch-ara-bische Beziehungen. Er war stellver-tretender Direktor des Arabischen Kul-turhauses, Der Divan. Als Redner und Autor engagiert er sich für auswärtige Kulturbeziehungen sowie Stakeholder-Dialoge. Er ist Mitinitiator der Inter-viewreihe „BigSmallWorld". Sein neues Buch zur Kulturdiplomatie Katars erscheint 2022 bei Palgrave Macmillan.*

Bis zur Machtübernahme des heutigen Vater-Emirs Sheikh Hamad Al Thani kann nicht von einer eigenständigen Außenpolitik Katars gesprochen werden. Zwar war Katar Grün-dungsmitglied des regionalen Zusammenschlusses Golfkoope-rationsrat (GKR) im Jahr 1981. De facto wurde sich jedoch eng mit dem regionalen Schwergewicht und Nachbarn Saudi-Ara-bien, mit dem das Emirat seine einzige ca. 90 Kilometer lange Landesgrenze teilt, abgestimmt.[1]

Dies änderte sich mit dem friedlichen Putsch durch Sheikh Hamad Al Thani, der seinen Vater 1995 vom Thron stieß. Damals wurde seitens Saudi-Arabiens und den Vereinigten Ara-bischen Emiraten (VAE) versucht, die alte Führung zurück an die Macht zu bringen, wohlwissend, dass der neue Emir Sheikh

---

1    Manche Experten gehen davon aus, dass der damalige Emir sich täglich die Marschorder aus dem Königspalast in Riad vorgeben ließ.

Hamad nicht im Sinn hatte, die eher unterwürfige Rolle gegenüber dem großen Bruder Saudi-Arabien weiter beizubehalten.
Bereits vor dem Putsch hatte dieser als designierter Thronfolger mächtige öffentliche Ämter inne. Dementsprechend wusste
man in Riad, Dubai und Abu Dhabi um die Ambitionen des
neuen Emirs, sein Land weitestgehend unabhängig von anderen
regionalen Herrschern am Golf zu machen. Sheikh Hamad war
zutiefst davon überzeugt, dass Katar nur dann erfolgreich seinen Weg gehen kann, wenn es einen eigenen Markenkern entwickelt, der es von anderen Ländern der Region unterscheidet.

Dabei setzte er vor allem auf die Themen Wissenschaft, Bildung, Kultur und Sport. In der nicht mit Superlativen sparenden
„Qatar Vision 2030" wies er seinem Land und der Bevölkerung
den Weg in eine wissensbasierte Gesellschaft.[2] Darüber hinaus
verfolgte er eine eigenständige Außenpolitik, welche auf einer
sogenannten „hedging strategy" basiert. Das heißt, das Land
unterhält mit diversen Akteuren Beziehungen, die sich teilweise
untereinander in vielen Themen uneinig sind. So beheimatet und
bezahlt Katar die Al Udeid Airbase, wo ca. 13.000 US-Solda-
ten stationiert sind. Diese Basis ist für den Westen strategisch
äußerst wichtig. Von dort aus werden Kampfeinsätze in den
zahlreichen Konflikten der Region geflogen und koordiniert.
Darüber hinaus unterhält Katar pragmatische Beziehungen mit
dem Iran. Beide Länder teilen sich das weltweit drittgrößte Erdgasfeld off-shore, also unter dem Meer. Mit den enormen Einnahmen aus dem katarischen LNG-Gas – Katar ist der weltweit
größte Exporteur von Flüssiggas – finanziert und unterstützt
das Emirat weltweit Akteure, um so regional und international
seine Interessen durchzusetzen. Dazu gehörten in der Vergangenheit auch solche, die in den USA, Europa und anderen arabischen Staaten auf Sanktionslisten stehen, wie etwa die Hamas
im Gaza-Streifen oder islamistische Gruppierungen wie die

---

2    Die Qatar Vision 2030 basiert auf vier Säulen: die gesellschaftliche, soziale,
     wirtschaftliche und ökologische Entwicklung.

Al-Nusra-Front in Syrien. Laut führenden Experten wird die katarische Außenpolitik jedoch weniger von ideologischen Interessen bestimmt, sondern ist durch Pragmatismus und Flexibilität gekennzeichnet. Schlussendlich dient sie stets einem ultimativen Ziel: die Sicherheit und Integrität des Königshauses in Katar zu gewähren und abzusichern.

Eine Strategie Katars, außenpolitischen Partnern einen Mehrwert zu bieten, besteht darin, als Mediator und Vermittler in der Region aufzutreten. Auch westliche Staaten wie die Bundesrepublik Deutschland griffen in der Vergangenheit gerne auf die exzellente Vernetzung Katars zurück und spielten sozusagen Außenpolitik über Bande. Das soll heißen, dass in Berlin die

Katar und seine arabischen Nachbarn

Hilfe und Unterstützung Dohas aktiv gesucht wurde, um Kontakt zu Akteuren herzustellen, mit denen die Bundesregierung selbst nicht sprechen konnte oder wollte. Eines der prominentesten Beispiele ist die Errichtung eines Verbindungsbüros der Taliban in Doha auf Geheiß der USA. Wie sehr sich dies für Katar auszahlte, wurde der Welt klar, als die USA aus Afghanistan abzog und Doha hunderte von westlichen Personen aus dem Land ausflog.[3]

Die Rolle eines neutralen Vermittlers wurde allerdings im Zuge des sogenannten Arabischen Frühlings 2011 aufgegeben. Stattdessen verfolgte Katar erstmals eine auf eigenen Interessen basierte Außenpolitik, die teils in krassem Widerspruch zu der seiner regionalen Nachbarn stand. Das Kalkül war es, die demokratisch gewählten Regierungen in Ägypten und Tunesien mit enormen finanziellen Mitteln zu unterstützen, um so in einer frühen Phase der Neuordnung Einfluss zu gewinnen. Die Rechnung ging jedoch nicht auf. Mit Unterstützung vor allem Saudi-Arabiens und den VAE wurde in Ägypten eine Gegenrevolution ausgerufen, der Präsident der Muslimbruderschaft Mohammed Mursi gewaltsam gestürzt und Abdel Fatah Al-Sisi als neuer Machthaber installiert. Aber nicht nur in Ägypten wurde das Engagement Katars kritisch betrachtet. Doha wurde vorgeworfen, in Syrien, Libyen, Irak und Ägypten teilweise radikale islamistische Gruppierungen mit finanziellen und militärischen Mitteln zu unterstützen.

Im Juni 2013 gab Emir Hamad Al Thani die Macht friedlich und freiwillig an seinen damals 33-jährigen Sohn und Thronfolger Sheikh Tamim Al Thani ab. Ein seltener Vorgang in der arabischen Welt, wo Herrscher meistens gewaltsam gestürzt werden. Die Außenpolitik unter dem neuen Emir blieb zunächst

---

3    Aktuell werden Gespräche geführt, wie Doha gemeinsam mit der Türkei den
     Flughafen in Kabul betreiben kann. Auch das dürfte im westlichen Interesse
     liegen.

Konterfei des jetziges Emirs Sheikh Tamim Al Thani in einer Projektion auf einem Hochhaus in Doha.

unverändert. Allerdings gab es eine Regierungsumbildung, in dessen Zuge altgediente Persönlichkeiten durch meist jüngere Technokraten ersetzt wurden. Kenner der Region deuteten dies als Zeichen, die Außenpolitik Katars breiter aufzustellen und weiter zu institutionalisieren.[4]

Unter der neuen Führung wurde auch der Versuch unternommen, stärker auf die Interessen der Nachbarstaaten einzugehen. Allerdings konnte dies nicht mehr verhindern, dass Saudi-Arabien, Bahrain und die VAE 2014 ihre Botschafter aus Doha abzogen. Begründet wurde dieser Schritt vor allem mit Katars massiver Unterstützung der Muslimbruderschaft in der gesamten arabischen Welt. Diese wurde in den benachbarten Staaten als Einmischung in ihre inneren Angelegenheiten und Verletzung ihrer Sicherheitsinteressen wahrgenommen. Die Lage beruhigte sich erst, als Katar Besserung gelobte. Unter ande-

---

4   Vor der Machtübernahme wurde die Außenpolitik Katars stark von Sheikh Hamad sowie seinem langjährigem Außen-, und Premierminister Hamad bin Jassim Al Thani persönlich geprägt. Beide hatten über persönliche Netzwerke großen Einfluss, trafen aber auch ad hoc Entscheidungen, die für Außenstehende und Experten gleichermaßen widersprüchlich erschienen.

rem schloss sich das Emirat einer saudisch geführten Militärkampagne gegen die Houthi-Rebellen im Jemen an.[5]

Allerdings konnten die Vorstellungen über die Zukunft des Mittleren Ostens zwischen den Mitgliedstaaten des GKR nicht überbrückt werden. Der Konflikt Katars mit seinen Nachbarstaaten, dessen Ursache neben politischen Meinungsverschiedenheiten auch in einer starken wirtschaftlichen Konkurrenz zu suchen ist, erreichte 2017 eine neue Eskalationsstufe. Einige Experten gehen davon aus, dass die Austragung der Fußball-WM 2022 durch Katar das Fass zum Überlaufen brachte, nachdem sich Saudi-Arabien und die VAE bei der FIFA und Katar erfolglos um die Austragung einiger Spiele in ihren Hauptstädten bemüht hatten.

In der Folge war in den internationalen Medien von einem „Game of Thrones" am Golf zu lesen. Was war passiert? Der Thronfolger Saudi-Arabiens, Mohammed bin Salman, welcher seine Macht mit teilweise brutalen Mitteln konsolidiert hatte, verkündigte gemeinsam mit den VAE, Bahrain und Ägypten eine Blockade Katars. Berichten zufolge wurde sogar eine militärische Intervention in Katar in Betracht gezogen. Die eigentlich treibende Kraft hinter dieser Eskalation vermuteten viele Experten mittlerweile in Abu Dhabi. Der dortige Herrscher Mohammed bin Zayed galt seinerzeit als Mentor von Mohammed Bin Salman und soll für den Krieg der Narrative um die Deutungshoheit der sogenannten Katar-Blockade verantwortlich gewesen sein. Diese begann bezeichnenderweise mit einem Hack der staatlichen katarischen Nachrichten-Agentur, um Falschnachrichten über den Emir in Umlauf zu bringen und somit sein Ansehen in der Bevölkerung sowie international zu schwächen.

---

5    Dass dies nicht im katarischen Interesse lag, gilt heute als sicher. Doha ist nicht mehr Teil der saudischen Militärkampagne, kritisierte diese scharf und unterstützt genau die Houthi-Rebellen militärisch und finanziell.

Im weiteren Verlauf sollten alle katarischen Bürger die Blockade-Staaten umgehend verlassen. Auch die Bürger der Blockade-Staaten wurden gezwungen, jegliche gesellschaftlichen und wirtschaftlichen Verbindungen mit Doha einzustellen. In der Folge wurde eine Liste mit 13 Forderungen[6] an Katar gestellt, deren Erfüllung einer Aufgabe der Souveränität des Landes gleichgekommen wäre. Solidaritätsbekundungen auf Social Media mit Katar wurden in den VAE unter hohe Geld- und sogar Gefängnisstrafen gestellt. Erstmals betraf der Konflikt somit nicht nur die Welt der Diplomatie, sondern jeden GKR-Bürger. Darüber hinaus hatte er Auswirkungen auf viele weitere Länder, welche Beziehungen zu den jeweiligen Konfliktparteien unterhielten.

Zweifelsohne kann dieses Kapitel als ein herber Rückschlag für die regionale Zusammenarbeit im Golfkooperationsrat verstanden werden, die einst nach Vorbild der EU zu mehr Integration und nicht zur Spaltung der Region über ihre Mitgliedstaaten beitragen sollte. Das Kalkül der Blockade-Staaten ging nicht auf. Nicht nur ging Doha auf keine der Forderungen ein, sondern gewann breite Unterstützung seiner internationalen Partner durch eine rege Shuttle-Diplomatie des Emirs und seines heutigen Außen- und Premierministers Mohammed Al Thani. In Europa vermittelte insbesondere der damalige deutsche Außenminister Sigmar Gabriel, der die Blockade scharf verurteilte und alle Parteien zur friedlichen Beilegung des Konfliktes aufforderte.

Auch die Wirtschaft wurde u. a. mit Hilfe der Türkei, Iran und europäischer Staaten umgestaltet. Vor allem im Lebensmittelbereich wurde sich stärker von Importen unabhängig gemacht. Dies gelang Katar unter stärksten Anstrengungen, verbunden mit enormen Kosten, die sich auf schätzungsweise 40 Milliar-

---

6   Forderungen waren u. a. die Einstellung des TV-Senders Al Jazeera, die Schließung einer türkischen Militärbasis in Doha sowie die Einstellung der Unterstützung gewisser Gruppierungen durch Katar.

den US-Dollar beliefen. Neben den finanziellen Mitteln sind für den Erfolg des Landes – sich aus einer solch existentiell bedrohlichen Lage erfolgreich zu befreien – vor allem seine vielfältigen internationalen Beziehungen und seine weit verzweigten Investitionen in den USA, Europa und Asien zu nennen. Wenn man im Rückblick von einem Gewinner dieser Krise sprechen kann, ist es ganz klar Katar. Anfang 2021 wurde die Blockade aufgelöst, nachdem die Beziehungen zu den USA, insbesondere nach dem Machtwechsel im Weißen Haus von Präsident Trump[7] auf seinen Nachfolger Joe Biden enorm verbessert werden konnten, vor allem auch im sicherheitspolitischen Bereich.

Der Emir wurde als Held seines Landes gefeiert und seine Popularitätswerte sind heute wohl die besten in der Region. Sein Konterfei hängt an jeder Straßenecke und er wird als „Tamim the Glorious" bezeichnet; dafür, sein Land und seine Bürger resilient durch die Krise geführt zu haben. Übrigens kam der Rückhalt nicht nur von den schätzungsweise 330.000 Kataris, die in ihrem eigenen Land eine Minderheit darstellen, sondern auch von vielen der ca. 2,1 Millionen Ausländer, die in Katar leben und arbeiten.

Auch wenn Katar auf keine der 13 Forderungen der Blockade-Staaten einging, berücksichtigt es heute wesentlich stärker die Interessen seiner Nachbarstaaten bei der eigenen Entscheidungsfindung. Dies zeigt sich vor allem daran, dass man die aktive interessenbasierte Außenpolitik von 2011–2014 wieder zugunsten der alten Rolle als neutraler Mediator aufgab. Auch die Beziehungen zu den Nachbarstaaten wurden im politischen und wirtschaftlichen Bereich weiter ausgebaut, obwohl es genau diese Staaten waren, von welchen die Aggression von 2017–2021 ausging. Hierbei muss die Führung in Doha behutsam vorgehen, um die eigenen Leute mitzunehmen. Denn der Schock und das

---

7    Präsident Trump unterstützte das Vorgehen der Blockade-Staaten zu Beginn, rief nach kurzer Zeit jedoch auf dringenden Rat seines damaligen Außenministers und Verteidigungsministers zu einer Beilegung des Konflikts auf.

Misstrauen sitzen tief, was nach dreieinhalb Jahren Blockade zu Luft, See und Land nachvollziehbar ist. Eine Blockade, die ganze Familien bzw. Stämme zerriss, die in der Region über die Ländergrenzen hinweg seit Jahrhunderten leben.

Was sich zusammenfassend zu Katars Beziehungen in die Region sagen lässt: Zunächst hat die Blockade dazu geführt, dass die Beziehungen zu Iran und der Türkei stark ausgebaut wurden. Die Türkei unterhält heute eine Basis mit ca. 3.500 Soldaten in Doha und Katar stützte die türkische Lira mehrmals mit Milliarden-Investitionen. Der Iran half der staatlichen Fluggesellschaft Qatar Airways mit Flugrechten, so dass das Land während der Blockade nicht vollends von der Außenwelt abgeschnitten wurde. Darüber hinaus sprang der Iran bei der Versorgung Katars mit Lebensmitteln ein, welche vor der Blockade zu 90 Prozent über die Landesgrenze aus Saudi-Arabien kamen. Beides natürlich nicht zu seinem finanziellen Nachteil.

Generell kann gesagt werden, dass Katar immer noch ein sich rapide entwickelndes Land ist, welches sein Überleben vor allem durch seine Beziehungen zu den USA absichert. Auch die Beziehungen zu Asien sind aufgrund von Langzeitlieferverträgen von LNG-Gas nach Japan, Südkorea und China, welche die katarische Staatskasse weiterhin füllen, von enormer strategischer Bedeutung. Die politischen Beziehungen zu Europa wurden in den vergangenen Jahrzehnten ebenfalls durch Milliardeninvestitionen abgesichert. Heute ist Katar mit ca. 35 Milliarden Euro der größte golfarabische Investor in der Bundesrepublik. Mit Blick auf die nahende Fußball-WM, die offiziell als ein Fußballfest für die gesamte arabische Welt dargestellt wird, kann gesagt werden, dass Katar äußerst erfolgreich war, nicht nur die Blockade zu meistern, sondern auch die Covid-19-Pandemie.

Es bleibt allerdings abzuwarten, wie sich die Region in der Zukunft entwickelt. Mit Sicherheit sollte die neue Annäherung zwischen den einzelnen Golfstaaten nicht darüber hinwegtäuschen, dass tiefe Gräben zwischen den einzelnen Akteuren, sowohl persönlich als auch politisch, weiterhin bestehen. Dasselbe gilt mit Blick auf die enorme wirtschaftliche Konkurrenz. In der Region gibt es mehrere hochmoderne Tiefseehäfen, riesige Flughäfen und Staatsairlines, die als Drehkreuze und Logistik-Hubs konkurrieren. Letztendlich wird sich an der Innovationsfähigkeit, der erfolgreichen Diversifizierung der lokalen Volkswirtschaften sowie weiteren politischen Reformen hin zu mehr Freiheit und Demokratie entscheiden, wer das Rennen macht.

Dabei ist abschließend zu erwähnen, dass Katar enorme Vorteile hat. Es ist steinreich, verfügt über die weltweit drittgrößten Gasvorkommen und hat eine kleine und sehr junge Bevölkerung. Dabei wird es weiterhin auf seine enormen „soft power" Ressourcen und Instrumente setzen, insbesondere Sport, Kultur und Bildung sowie sein Medienimperium aus Al Jazeera und beIN SPORTS.

# Katar inside

# Zwei Wochen in Katar während des Arab-Cups 2021 – ein Blog

Ein Jahr vor der Fußball-WM fand in Katar mit dem Arab-Cup ein Testturnier statt. Autor Olaf Jansen hatte sich auf den Weg gemacht und berichtete für sportschau.de in einem Blog über seine Erlebnisse während seiner 14 Tage in Katar.

## Tag eins: „Eintrittskarte" ins Emirat (28.11.2021)

Am Ende rettet mich Eymen vor der Isolation: Der junge Tunesier, der in der Metro von Doha als Eingangskontrolleur arbeitet, macht mich „Grün" auf meiner „Etheraz"-App. Heißt: Ähnlich dem Cov-Pass in Deutschland muss jeder, der sich in Katar frei bewegen möchte, diesen „Grün"-Status auf seinem Mobiltelefon vorweisen können. Egal ob U-Bahn, Supermarkt, Museum, Fußballstadion oder sonst wo: ohne „Grün" kein Zutritt.

Allein: Für Auswärtige ist der Weg zu diesem Status kein leichter. Schon vor meiner Abreise in den Wüstenstaat habe ich Kopien von Ausweis, Hotelbuchung, Impfstatus und PCR-Test im Internet hochgeladen, bei der Einreise sollte mit der Registrierung auf der Handy-App dann alles schnell gehen. Was aber – wie sich herausstellte – nur mit einer katarischen Mobilfunknummer funktioniert.

Weil ich die nicht hatte (man soll sich am Flughafen eine katarische SIM-Karte kaufen und in einem Zweit-Handy installieren), bin ich erst mal ohne „Grün" ins Land – „merkt ja vielleicht gar keiner", hab ich mir gedacht. Was sich beim ersten

Ohne die „Etheraz"-App läuft gar nichts in Katar.

Spektakuläre Eröffnungsshow beim Arab-Cup im November 2021.

U-Bahn-Besuch schon als vergebliche Hoffnung entpuppt. Und hier kommt Eymen ins Spiel. Der „Gesegnete", so heißt sein Name übersetzt, trickst ein paar Minuten mit meinem Handy, seiner Sim-Karte, meinen und seinen Passwörtern herum und zack: Ich bin „Grün". Sei gesegnet, Eymen!

Es geht also auch außerhalb der Regeln was im Emirat am Persischen Golf, in dem im Winter 2022 die Fußball-WM stattfinden wird. In einem der kleinsten Länder der Welt (etwa halb so groß wie Hessen) mit nicht einmal drei Millionen Einwohnern, die sich fast alle in der Hauptstadt Doha tummeln. Öl- und Gasvorkommen haben das Emirat innerhalb weniger Jahre steinreich gemacht, über den Kauf von Fußballklubs wie Paris St. Germain oder diverse Weltmeisterschaften möchte man über den Sport wichtig werden in der Welt. Defizite bei der Einhaltung von Menschenrechten, das Ausnutzen günstiger Arbeitskräfte aus Asien – viel mehr wissen wir im fernen Europa nicht über Katar.

Also fahre ich hin ins Land der kommenden WM. Besuche den „Arab-Cup", ein Test-Turnier mit 16 Mannschaften, ein Jahr, bevor die „Großen" kommen. 14 Tage werde ich mich hier aufhalten und mir alles anschauen: die Stadien, die Hauptstadt Doha, die Hotels, Gaststätten mitten in der Wüste. Um ein Gefühl für Katar und die Fußballstimmung zu bekommen. Im Blog werde ich Euch von meinen Erlebnissen und Erfahrungen berichten. Die Etheraz-App wird dabei mein Verbündeter sein. Denn in Katar gilt: Einmal „Grün", immer „Grün".

## Tag drei: Technik können sie in Katar (30. 11. 2021)

Heute war Eröffnungsfeier des Arab Cups. Mein Gott, was für eine gigantische Show. Prächtige Illuminationen, eine Musik- und Tanzgala, zum Abschluss ein riesiges Feuerwerk rund ums Al Bayt Stadion – in dem 2022 im Übrigen auch die Fußball-WM eröffnet wird.

Gigantismus pur. Aber ich habe mich schon dran gewöhnt: Klein oder gar bescheiden – das machen die Katarer nicht. Was sie auch tun – es muss möglichst das Größte, Beste und Schönste sein. Um bei diesem Spektakel dabei zu sein, habe ich mich auf den Weg nach Al Khor gemacht. Das liegt rund 50 Kilometer nördlich von Doha. Eine Kleinstadt mit etwas mehr als 30.000 Einwohnern. Genau doppelt so viele Menschen passen in das Al Bayt Stadion, welches sie dort – designt wie eine alte Beduinen-Zeltstadt – in den Wüstensand am Stadtrand gebaut haben.

Braucht natürlich kein Mensch. Zumindest nach der WM nicht mehr. Die Hälfte der Plätze ist rückbaubar und soll nach 2022 in Entwicklungsländer verschenkt werden. Schlappe knapp 800 Millionen Euro hat das Ding gekostet. War sogar überraschend gut gefüllt, die – man muss es einfach sagen – wunderschöne Arena: Gut 40.000 Zuschauer dürften es gewesen sein. Nicht so schlecht, aber der Eintritt hat auch nur etwas mehr als umgerechnet fünf Euro gekostet.

Man kommt gut hin – etwas mehr als die Hälfte der Strecke bin ich mit der neuen Metro (Kosten: etwa 40 Milliarden Euro) unter der Erde gerast, für den Rest standen Shuttle-Busse bereit.

Vorher – das geht in Doha, weil alle acht WM-Stadien höchstens maximal eine Fahrtstunde auseinanderliegen – habe ich mittags das erste Spiel des Tages angeschaut: Tunesien gegen Mauretanien. Ganz auf der anderen Seite der Stadt, in Al Wakra. Ebenso eine kleine Vorstadt, die mit dem „Al Janoub" auch ein Stadion-Schmuckstück vor die Stadttore gesetzt bekommen hat, das natürlich völlig übergeschnappt ist.

Ein 40.000-Seater für knapp 600 Millionen Euro, bei dem das Dach schließbar ist und dessen Inneres dank eines Kühlsystems auch während des heißen Sommers auf angenehme 20 Grad temperiert werden kann. Da waren übrigens heute so gut wie gar keine Zuschauer. Am Wetter kann das kaum gelegen haben, denn Katar ist in diesen Tagen total angenehm temperiert. Abends herrscht bei rund 22 Grad optimales Fußballwetter, selbst mittags bei etwa 27 Grad dürfte sich kaum ein Fußballprofi beschweren. Die Katarer dürften also rundum zufrieden sein. Auch über ihr Team: Bahrain wurde mit 1:0 besiegt.

## Tag vier: Baustelle Doha – und das Problem mit der Gesundheit (1. 12. 2021)

Als Journalist habe ich im Laufe der Zeit gelernt: Möchte ich wirklich etwas über Land und Leute erfahren, muss ich zu ihnen gehen. Muss durch die Stadt laufen, in der die Menschen leben und fragen. Gespräche führen. Nur ist dies in Doha nicht ganz ungefährlich. Gerade im Dunkeln birgt die Stadt so ihre Tücken. Dabei sind es nicht etwa gefährliche Gangs, die in den Gassen lauern – nein, Straßenkriminalität gibt es in Katar nicht. Es sind vielmehr unzählige Baustellenlöcher, von denen Gefahr für Leib und Leben ausgeht.

Man muss wissen: Die U-Bahn, vielspurige Autobahnen und auch die supermodernen Stadien sind zwar fertig, dennoch wird ein Jahr vor der WM 2022 in Doha immer noch gebaut, was das Zeug hält: Straßenzüge, Bürgersteige, Hotels, Geschäfts-Malls werden allerorten aus dem steinigen Boden gestampft. Gefühlt ist die ganze staubige Stadt eine einzige Baustelle. Vollgestopft mit Baggern, Kränen, Kippern und Absperrungen. Und eben Löchern. Kratern geradezu, die sich gern ganz plötzlich und unbeleuchtet vor mir auftun. Einen Moment nicht aufgepasst – schon droht ein Sturz in zwei oder drei Meter Tiefe.

Dem wohlhabenden Teil der Einwohnerschaft droht derlei Gefahr kaum, denn der geht nicht zu Fuß. Im normalen Alltag verlässt ein Katarer sein klimatisiertes Haus nur für die Fahrt zum Job oder zum Einkauf. Derlei Wege bestreitet er mit dem Auto, das ihn ins Bürogebäude oder in die heruntergekühlte

Gebaut wird eigentlich überall in Doha.

Das Metro-Netz ist vorbildlich und verbindet alle WM-Stadien.

Einkaufs-Mall bringt. In letzterer lässt sich gemütlich flanieren und in einer der Fast-Food-Ketten ein Snack verspeisen. Mangelnde Bewegung und ungesunde Ernährung führen zu Fettleibigkeit. Katar hat die größte Zahl an Übergewichtigen im Nahen Osten.

Derlei könnte man super begegnen, indem man eine der vielen aufwändig angelegten Trainingsareale mit ihren Fitnessgeräten besucht, die in den zahlreichen Parks der Stadt eingerichtet wurden. Oder man könnte auf der acht Kilometer langen im Grünen gelegenen Corniche joggen oder Rad fahren. Dort sind aber nur ein paar durchgeknallte Touristen zu sehen, die sich bei gleißender Sonne durchschwitzen lassen.

Überhaupt die Sonne. Die meiden Katarer wo es eben geht. Was zum zweiten gesundheitlichen Problem führt: Vor allem die verschleierten Frauen leiden unter heftigem Vitamin-D-Mangel. Das ist grotesk, denn Katar ist mit etwa 320 Sonnentagen im Jahr eines der hellsten Länder der Welt.

## Tag sechs: Ganz „persönliche Betreuung" beim Arab-Cup (3. 12. 2021)

Als ich meine Reise nach Katar geplant habe, war mir natürlich klar: Ich fahre in ein Emirat, Menschenrechte und Demokratie kann ich hier nicht erwarten. Zudem war mir klar: Die Herrscher des Emirats haben mittlerweile eine kurze Zündschnur, was allzu kritische Medienvertreter aus Europa betrifft. Vorsicht war also angesagt. Nach gut einer Woche weiß ich: Man hat ein Auge auf mich geworfen in Katar. Ich mache hier kaum einen Schritt, der nicht von irgendwelchen offiziellen Stellen des Emirats kontrolliert werden könnte. Schon mit meinem Eintritt ins Land habe ich praktisch einen Großteil meiner Persönlichkeitsrechte für die Zeit meines Aufenthalts abgegeben.

Wie es dazu kommen konnte? Ganz einfach: Katar ist komplett durch-digitalisiert. Ich hatte bereits bei einem meiner vorherigen Blogs davon erzählt, dass ich hier nur Eintritt in die U-Bahn, Einkaufs-Mall oder irgendein öffentliches Gebäude erhalte, wenn ich immer mein Handy griffbereit mit mir herumtrage und meinen „Grün"-Status auf der Etheraz-App vorweisen kann.

Eigentlich ist das eine Art Covid-Pass, doch er enthält auch Daten wie Pass-Nummer, Mailadresse und Nummer meiner Handy-Sim-Karte. Versäume ich einmal den alle paar Tage anstehenden obligatorischen Covid-PCR-Test, werde ich freundlich per Mail darauf hingewiesen. Allein schon mittels dieses Werkzeugs ist mein Bewegungscluster grob nachvollziehbar.

Vielleicht weil ich Journalist bin und die Katarer – vorsichtig ausgedrückt – ein etwas zwiespältiges Verhältnis zu westlichen Medienvertretern haben, hat man mich mit ein paar weiteren digitalen Stempeln versehen. Ich habe einen Medien-Ausweis mit Chip-Karte erhalten, auf dem ebenfalls Passnummer, Geburtsdatum und Handynummer gespeichert sind. Wann immer ich einen Stadionbereich oder ein Medienzentrum betrete, wird dieser Ausweis gescannt.

Zusätzlich stattete man uns Journalisten mit einer U-Bahn-Dauerkarte aus, die mit dem Medien-Ausweis verknüpft ist. Diese Karte wird bei jedem Ein- oder Austritt der örtlichen Metro oder einem öffentlichen Bus ausgelesen – hier ist nun also spätestens mein komplettes Bewegungsmuster nachvollziehbar.

Tja, man mag sagen: Wer als kritischer Journalist durch die Lande reist, muss sich mit derlei persönlicher Betreuung halt herumplagen. Ist halt so. Doch ich darf prophezeien: Es wird auch Fußballfans, die zur WM anreisen, kaum anders gehen. Schon jetzt beim Arab-Cup kann Tickets für den Stadionbesuch nur derjenige erwerben, der sich vorher ähnlich hat registrieren lassen. Die Etheraz-App ist für jeden Pflicht.

Und was mein Medienausweis ist, heißt beim Fußball-Anhänger „Fan-ID". Mit jener Chipkarte, auf der ebenfalls alle relevanten Daten gespeichert sind, über die auch mein Medienausweis verfügt, ist man berechtigt, Eintrittskarten fürs Stadion zu erwerben. Gute Organisation oder Überwachung? Das muss jeder für sich entscheiden. Auch, ob er unter diesen Voraussetzungen nächstes Jahr zur WM reisen möchte.

## Tag acht: Katars Fans – Lieber TV-Sessel als Stadionsitz (5. 12. 2021)

Als ich heute Morgen die Einkaufs-Mall in Dohas Stadtteil Al Qassar betrat – mir war nach einer Flasche Wasser und ein paar Keksen – sah ich Erstaunliches: Ich schaute auf eine kleine Verkaufsinsel mit einem Schild, das unzweifelhaft auf den Arab Cup hinwies. Und es stand, auch daran bestand kein Zweifel, eine regelrechte Menschenschlange vor dem Desk der zwei Volunteers. Die beiden hantierten – offenkundig selbst überrascht über das Interesse – etwas hektisch mit Kamera, Laptops und kleinen Druckmaschinen herum und machten sich an die Aufgabe, live vor Ort personalisierte Tickets für das gegenwärtige Fußball-Event unter die Leute zu bringen.

Zieht der Arab-Cup plötzlich doch die Menschen in ihren Bann? Bislang war wenig zu spüren von Fußballbegeisterung in der Stadt. Keine bunt gekleideten Fans im Straßenbild, keine Verkäufer von Trikots, Schals oder Fähnchen, wie bei vergleichbaren Fußball-Events ja eigentlich üblich.

Auch so etwas wie Kneipenkultur gibt es nicht im Emirat, wo nach strenggläubigem wahhabitischem Islam gelebt wird. Alkohol ist verpönt, ausschweifende Partys gelten als lasterhaft. Zum gesellschaftlichen Höhepunkt trifft man sich zum gediegenen Abendessen im Restaurant, eventuell gibt's auch mal ein Schwätzchen im Café bei Tee oder Wasserpfeife. Jene, die ins

Während der WM wird die „Fan-ID" zur zentralen Chipkarte für die Besucher aus aller Welt werden.

Verwaiste Fan-Meile während des Arab-Cups.

59

Fußballstadion gehen, erwarten einen Sitzplatz mit VIP-Standard, Stehplätze sind in den Arenen erst gar nicht vorgesehen. Aber lieber bleibt man ohnehin in den eigenen vier Wänden.

Wo soll sie auch herkommen, die Fußball-Kultur in einem Land wie Katar? Arabische Fußball-Anhänger sind durchaus fanatisch und sorgen bei Matches gern für prickelnde Stimmung. Das aber vor allem im nördlichen Teil Arabiens. Zwischen Marokko und Jordanien werden – wenn nicht gerade Corona ist – die Stadien bei heißen Derbys gern zu regelrechten Hexenkesseln mit ausverkauften, stimmungsvollen Rängen. Dort aber hat Fußball auch schon eine lange Tradition, oft stehen die Klubs für verschiedene Glaubensrichtungen oder symbolisieren Arbeiterschaft beziehungsweise Bürgertum.

In Katar – wo die 18 Klubs der „Qatar Stars League" beinahe ausnahmslos in Doha spielen – gibt es diese stimmungsvolle Kultur nicht. Es kann sie nicht geben. Denn während die beschriebenen Einheimischen höchstens dezent für eines der Teams sympathisieren, haben die restlichen rund 2,5 Millionen Gastarbeiter keinerlei emotionale Verbindung zu einem der katarischen Vereine. Und so ist es keine Seltenheit, dass ein Ligaspiel in Katars höchster Liga weniger Zuschauer anzieht als ein Kreisliga-Spiel in Deutschland.

## Tag neun: Katar – schön kühl ist es hier (6.12.2021)

Es brummt und dröhnt rund um Katars WM-Stadien, die dieser Tage bereits für den Arab-Cup genutzt werden. Mit Ausnahme des 974-Stadions, das in der Nähe des Hafens liegt, werden alle Arenen mit gewaltigen Klimaanlagen auf rund 22 Grad Innentemperatur heruntergekühlt.

Ist das wirklich nötig? Aktuell herrschen in Doha und Umgebung abends nur zwischen 23 und 25 Grad, man könnte es auch

Kompliziertes Bewässerungssystem bei der Anlage eines Beetes ...

... und venezianisches Ambiente in einer Shopping-Mall.

hervorragend ohne die Kühlmaschinen aushalten. Aber die Anlagen wollen ja getestet werden, schließlich gründeten sich die größten Zweifel in der FIFA-Welt an einer WM in Katar an den Temperaturen von bis zu 45 Grad, die hier im Sommer erreicht werden. Also rein mit den Klimaanlagen in die Stadien – daran sollte es nicht scheitern.

Es darf in diesem Zusammenhang aber die Frage erlaubt sein, wie der Golfstaat und die FIFA ihr groß angekündigtes Ziel erreichen wollen, in Katar die erste klimaneutrale WM der Geschichte auszutragen. So genannte Klimaneutralität wird erreicht, wenn sich der Ausstoß von Treibhausgasen und die Fähigkeit des Ökosystems, diese aufzunehmen, im Gleichgewicht befinden.

Um die Bilanz zu begradigen, wurden in Doha und Umgebung etwa eine Million neuer Bäume gepflanzt. Deren verzweifelte Versuche, in einer der trockensten Regionen der Welt heranzuwachsen, lässt sich bei einem Gang durch die Stadt beobachten. Man sieht dann auch die ständige künstliche Wasserzufuhr. In Doha sind Tausende von Kilometern an Sprinklerschläuchen verlegt, die dem wertvollen Grün das nötige Nass zuführen.

Um jenes benötigte Wasser wiederum zu bekommen, verfügt Katar mittlerweile über zehn riesige Meerwasser-Entsalzungsanlagen. Die allerdings auch wieder – ihr ahnt es schon – mit einem hohen Energieaufwand betrieben werden müssen. Meine Vermutung: Dieser Energieverbrauch taucht nicht auf in der WM-Bilanz. Unter dem Strich kann sich das Land dies alles finanziell leisten – aber, auch das gehört zur Wahrheit: Katar ist das Land mit dem höchsten $CO_2$-Ausstoß pro Kopf weltweit.

Was am Konsumverhalten liegt, das nicht selten grotesk wirkt. In der Mall im Stadtteil Aziziya liegt eingebettet in Supermarkt und Edelboutiquen eine große Eislaufbahn, auf der sich nachmittags Eishockeyspieler vergnügen. Im Ortsteil Lusail entsteht zudem gerade eine riesige Skihalle. Schön kühl ist es da.

## Tag elf: Verbesserte Gesetze, schwarze Schafe – Katar und seine Bauarbeiter (8. 12. 2021)

Labid und Taif sind beeindruckt, als ich ihnen erzähle, dass ich extra für den Arab-Cup nach Katar gekommen bin. Die beiden Bauarbeiter sitzen an einer der vielen großen Ausfallstraßen Dohas und warten auf den Kleinbus, der sie zu ihrer Baustelle bringen soll: einem Neubau eines Apartmentkomplexes in einem Außenbezirk.

„In den Stadien haben wir auch gearbeitet", erzählen sie stolz, als sie hören, dass ich aus Europa angereist bin. Freudig zeigen sie Bilder auf ihren Handys, auf denen sie in den wachsenden Arenen bei der Arbeit zu sehen sind. „Das waren eigentlich bisher unsere besten Baustellen", sagen sie. Als Verputzer und Maurer hätten sie gute Arbeitsbedingungen gehabt. Zehn Stunden-Schichten pro Tag – das sei normal in Katar. „Aber es ging uns nicht schlecht. Wir hatten immer genügend Trinkwasser, das uns in Kanistern bereitgestellt wurde. Und mittags haben alle etwas zu essen bekommen", sagt Labid.

Auf meine Nachfrage nach Arbeiterstreiks wegen ausbleibender Löhne und fehlendem Arbeitsschutz, antwortet er: „Kann sein, dass es die gab. Aber nicht bei unseren Leuten. Seit ich hier bin, kriege ich pro Monat 1.000 Rial (umgerechnet etwa 250 Euro) ausgezahlt. Ich habe noch nie auf das Geld warten müssen." Für ihn sei das viel, sagt er: „In Pakistan kann ich noch nicht einmal ein Viertel davon verdienen."

Es gibt, so höre ich, nach wie vor schwarze Schafe unter den Bauunternehmern, die sich nicht an die neuen Gesetze zum Arbeitsschutz halten, die von der Regierung 2015 erlassen wurden. Vieles ist seither aber offenbar tatsächlich schon besser geworden.

Ganeesh aus Bangladesch treffe ich bei einem Spaziergang an der Küstenstraße. „Ich kenne ein paar Kollegen, die haben schon wieder zwei Monate ihr Gehalt nicht bekommen", sagt er. Gemeinsam mit seinem Kumpel Jeevan arbeitet er an einer neuen

Straßenzufahrt zur „Corniche". „Natürlich wäre ich lieber in der Heimat bei meiner Familie. Aber das geht nicht, dort gibt es keine Arbeit." Ich spreche ihn an auf die vielen Toten, die es offenbar auf den WM-Baustellen gegeben hat. „Ja", sagt er, „Unfälle passieren. Aber hier eigentlich viel weniger als zum Beispiel auf Baustellen in Bangladesch." Katar sei eben ein reiches Land. „Es gibt hier ein riesiges Krankenhaus (die „Hamad"-Klinik), da können alle hin. Man wird umsonst behandelt", sagt er.

Ich habe im Laufe meiner Tage hier in Doha mit vielen Arbeitern aus asiatischen Entwicklungsländern gesprochen, die in Katar einen Job auf einer der zahlreichen Baustellen gefunden haben. Diese Gespräche verliefen allesamt „off the record" und mehr oder weniger heimlich. Denn nach der Kritik aus Europa an – so der Vorwurf – „menschenunwürdigen Arbeitsverhältnissen" wird den Arbeitern verboten, mit Medienvertretern zu reden.

Labid und Taif aus Pakistan und Ganeesh aus Bangladesch sprachen – wie noch einige andere – trotzdem mit mir. Eigentlich heißen sie anders. Um sie zu schützen, ist es aber besser, ihre echten Namen nicht zu nennen.

## Tag dreizehn: Fußball-Welt bekommt WM, die sie verdient (10. 12. 2021)

Nach gut zwei Wochen Aufenthalt in Katar verlasse ich den Austragungsort der WM 2022 wieder. Ich werde mit der Metro zum Flughafen fahren. Mit dieser 40 Milliarden teuren U-Bahn und ihren drei Linien, bei der alle fünf Minuten eine Bahn kommt. Die immer fährt und das niemals mit Verspätung. Das fällt jemandem wie mir – nach jahrelangem Kummer mit den Kölner Verkehrsbetrieben – auf.

Ich meine: Die WM gehört in die fußballbegeisterte Arabische Welt. Nur: Ausgerechnet Katar mit seinem streng wahhabitischen Islam und nicht einmal drei Millionen Einwohnern –

Auch Labid und Taif aus Pakistan haben auf den WM-Baustellen gearbeitet.

Ganeesh und Jeevan aus Bangladesch arbeiten auf Straßenbaustellen
in Doha.

schwierig. Es fehlt an Demokratie, unliebsame Meinungen werden unterdrückt. Die kulturellen Gepflogenheiten sind aus europäischer Sicht unverständlich. Und: Allein aus umweltpolitischer Sicht erscheint es völlig irrational, acht riesige Fußballstadien in ein Land zu setzen, in dem noch nicht einmal eines dieser Größenordnung benötigt wird.

Die Diskrepanz zwischen gigantischer Infrastruktur und menschlicher Nutzung derselben ist es, die in Doha und Umgebung am meisten ins Auge fällt. Metro, Autobahnen, Freizeitparks, Strandanlagen und Fitnessareale – nirgends habe ich jemals derart großflächige und üppige Infrastruktur erlebt, die so verlassen und ungenutzt daliegt. Es gibt während des Arab Cups im Stadtteil Katara – 100 Meter vom Strand entfernt – ein Public-Viewing-Gelände mit Riesen-Leinwand, Essensbuden und Kinderunterhaltung. Menschen habe ich dort – mit Ausnahme des Security-Personals – nie angetroffen.

Katar ist unermesslich reich – und manches spricht dafür, dass diese WM auch erkauft wurde. Von zum Teil skrupellosen Fußball-Funktionären aus aller Welt, die gern partizipieren an den Millionen und Milliarden aus dem Öl- und Gasgeschäft des Emirats. Der Bauboom hat Millionen billige Arbeitskräfte aus asiatischen Entwicklungsländern ins Land gelockt, deren Tatkraft gern genutzt wird.

Erstaunlicherweise hat sich – zumindest mir gegenüber – kaum einer dieser Arbeiter über sein Schicksal beklagt. Vielmehr sind diese Menschen froh, ein paar Jahre lang in einem sicheren Land wie Katar so viel Geld zu verdienen, dass sie ihren Familien in der Heimat ein etwas besseres Leben finanzieren können.

Wer die WM 2022 in Katar boykottieren möchte, findet viele Gründe dafür. Wer ehrlich ist, wird sich aber eingestehen müssen, dass eine WM in Katar nur die logische Konsequenz eines weltweit völlig überdrehten Fußballgeschäfts ist. Ich jedenfalls glaube: Die Fußball-Welt bekommt in Katar die WM, die sie verdient. Salām!

# Katars Bauboom

## und der Arbeits-schutz

*Katar wächst – unaufhörlich. Natürlich nicht die Landesfläche, aber der Inhalt des Landes sozusagen. Die Bevölkerung wird immer größer, die Infrastruktur wächst in enormem Tempo mit. Der Zuschlag zur Fußball-WM 2022 tut sein Übriges zur steten Expansion von Gebäuden, Verkehrs- und Übernachtungsinfrastruktur. Um das alles stemmen zu können, benötigt Katar das Zupacken zahlreicher Hände von Wanderarbeitern aus asiatischen Entwicklungsländern. Die Bauarbeiter kommen gern nach Katar, denn dort können sie ein Vielfaches dessen verdienen, was in ihrer Heimat möglich wäre. Allerdings: Die vielen tausenden Arbeiter wollen auch menschenwürdig behandelt werden. Und nicht als „Sklaven" angesehen werden, die in Abhängigkeit zu ihren Arbeitgebern stehen. Genau dies wurde Katar aber lange vorgeworfen und wird es teils auch heute noch. Ein Gespräch mit Dietmar Schäfers, der als internationaler Bauinspektor auf vielen WM-Baustellen in Katar war.*

## „Verhältnisse verbessert, aber noch nicht ideal" – Interview mit Dietmar Schäfers

*Dietmar Schäfers war stellvertretender Vorsitzender der Baugewerkschaft IG BAU und ist derzeit Vizepräsident der Bau- und Holzarbeiter Internationale (BHI). Er hat in dieser Funktion mit dem lokalen Organisationskomitee der WM und dem*  *zuständigen Arbeits- und Sozialministerium in Katar Verhandlungen geführt und Inspektionen vor Ort gemacht.*

Herr Schäfers, was haben Sie gedacht, als die FIFA 2010 bekanntgab, die nächsten beiden Fußball-Weltmeisterschaften nach Katar und Russland zu vergeben?

Dietmar Schäfers: Da haben sich uns als Arbeiter-Gewerkschaft natürlich erst einmal die Fußnägel aufgerollt. Schließlich wussten wir, dass es in diesen Ländern mit der Einhaltung von Menschenrechten nicht immer zum Besten bestellt ist. Zwar betont die FIFA immer, dass der Sport die Welt verbindet, die Menschen zusammenbringt und gerade in Sachen Menschenrechten viel bewirken kann. Unsere Erfahrungen aus vorangegangenen Groß-Events dieser Art waren aber eher wenig positiv, was Verbesserungen bei Menschenrechten und Arbeitsrechten betrifft.

Dennoch war es ja Ihre Aufgabe als Gewerkschaft, tätig zu werden. Wie liefen die ersten Kontakte mit Katar?

Schäfers: Wir haben zunächst einmal eine Kampagne unter dem Titel „Red card for FIFA – no worldcup without human rights" gestartet. Haben also stark kritisiert. Auch über zahlreiche Medien – da haben wir schon recht stark Druck ausgeübt. 2013 war eine erste Reise nach Katar geplant, wir hatten dort unter anderem Gesprächstermine mit dem dortigen Arbeitsministerium und mit dem Supreme Court. Die wurden alle aufgrund unserer kritischen Kampagne abgesagt.

Sie sind aber trotzdem hingefahren?

Schäfers: Ja, wir als internationale Gewerkschaft der Bau- und Holzindustrie haben uns in der Verantwortung gesehen, trotzdem tätig zu werden. Also sind wir hingereist und wollten einfach mal schauen, was man mit uns veranstaltet, wenn wir erst einmal da sind. Wir sind also angekommen, haben unsere Visa erhalten und haben unsere Hotelzimmer bezogen. Die Verantwortlichen vor Ort sind dann auf uns zugekommen und haben gesagt: „Gut, wenn ihr jetzt schon mal da seid, unterstützen wir euch auch". Wir haben also einen Bus und Begleiter zur Verfügung gestellt bekommen, die uns alles gezeigt haben: Baustellen, Projekte, alles wunderbar. Aber wir haben eben nur gezeigt bekommen, was man uns zeigen wollte.

Wie haben Sie sich daraufhin verhalten?

Schäfers: Gemeinsam mit einem schwedischen Kollegen bin ich nachts los und habe mir sozusagen heimlich die Baustellen und Arbeiterunterkünfte angeschaut. Da waren dann zum Teil Unterkünfte dabei, die waren absolut inakzeptabel. Da würde unsereins noch nicht einmal sein Haustier übernachten lassen. Wie haben daraufhin beim in Katar ansässigen TV-Sender Al Jazeera angerufen. Und die sind – was mich total gewundert hat – tatsächlich rausgekommen und haben dort gefilmt und berichtet.

Wurden Sie nicht von den katarischen Behörden sanktioniert?

Schäfers: Nein, wir haben vier Tage später in Katar sogar eine Pressekonferenz abgehalten, bei der wir von unseren Erlebnissen berichtet und sehr stark kritisiert haben. Auch diese Pressekonferenz wurde live bei Al Jazeera übertragen. Da war ich wirklich überrascht über diese Art der Transparenz, das hatte ich nicht erwartet. So etwas wäre ja zum Beispiel in Ländern wie China oder Saudi-Arabien keinesfalls möglich gewesen.

Haben die katarischen Organisatoren das Gespräch mit Ihnen gesucht?

Schäfers: Zwei Jahre später ist es zu ersten konkreten Verhandlungen mit dem katarischen Arbeitsministerium und dem Supreme Court, also dem WM-Organisationskomitee gekommen. Es gab ja gemeinsame Interessen: Wir wollten durch Verhandlungen erreichen, dass sich die Verhältnisse für die Wanderarbeiter verbessern. Und die Kataris wollten eine Verbesserung ihres Bildes in der Öffentlichkeit.

**Welche Erfahrungen haben Sie dabei im Umgang mit den Verhandlungspartnern gemacht?**

Schäfers: Ich habe grundsätzlich durch jahrelange Erfahrungen mit arabischen Partnern gelernt, dass es für diese Menschen viel stärker als für uns wichtig ist, bei Verhandlungen das Gesicht zu wahren. Und dass es enorm wichtig ist, mit der Zeit gegenseitiges Vertrauen aufzubauen. Das haben wir im Laufe der Zeit ganz gut hinbekommen. Wir sind heute in ständigem Kontakt mit den Kataris und haben schon einige Verbesserungen erreichen können.

**Welche Verbesserungen haben konkret in Sachen Arbeitsschutz gegriffen?**

Schäfers: Wir haben seit 2016 als internationale Gewerkschaft die Möglichkeit, regelmäßige Inspektionen auf allen WM-Baustellen in Katar durchführen zu können. Und zwar mit unseren Fachleuten. Bis jetzt haben wir 24 dieser Inspektionen durchgeführt. Seither haben sich die Bedingungen für die Arbeiter auch deutlich verbessert. Beispielsweise wurden sogenannte „Cooling rooms" eingerichtet, in denen sich die Arbeiter bei Hitze ausruhen können. Kühlwesten wurden eingeführt, regelmäßige Pausenzeiten implementiert. Wobei ich sagen muss, dass die europäischen großen Baufirmen von Anfang an für gute Arbeitsbedingungen gesorgt haben. Aber es gibt auch in Katar eben schwarze Schafe unter den Baufirmen.

**Was ist mit den Arbeitsrechten der Arbeiter? Wird das Ende der Kafala-Gesetzgebung auch gelebt?**

Schäfers: Grundsätzlich ist es so, dass das Kafala-Gesetz faktisch abgeschafft worden ist. Die Arbeiter können sich frei bewegen, dürfen auch den Arbeitgeber wechseln, wie sie möchten. Zudem ist ein Mindestlohn eingeführt worden und es gibt eine Schlichtungsstelle für die Arbeiter, an die sie sich bei Problemen wenden können. Auf den Baustellen gibt es jetzt auch gewählte

Sprecherausschüsse der Arbeiter. Aber es gibt nach wie vor Probleme in der Umsetzung dieser Gesetze.

**Wie sehen diese Probleme aus?**
Schäfers: Es wird zu wenig kontrolliert und sanktioniert. In Katar gibt es aktuell rund 900.000 Beschäftigte im Baugewerbe. Zum Vergleich: In Deutschland gibt es rund 800.000, Verwaltung inklusive. Für die 900.000 Arbeiter in Katar gibt es eine Zahl von 200 Kontrolleuren. Das sind also viel zu wenige. Und dann tut sich Katar schwer damit, wirklich konsequent Missstände zu sanktionieren. Da müsste es für Baufirmen, die sich nicht an die Gesetze halten, konsequentere Strafen geben: keine Geldstrafen, sondern Haftstrafen und Firmen-Schließungen. Das passiert noch nicht.

**In Europa wurde heftig reagiert, nachdem der englische „Guardian" von über 6.000 Toten auf WM-Baustellen berichtete. Wie haben Sie diese Zahlen aufgefasst?**
Schäfers: Ich kann diese Zahlen weder dementieren noch bestätigen. Es liegen uns keine verlässlichen Belege vor, die solche Zahlen stützen. Von daher ist das aus meiner Sicht Stochern im Nebel. Unsere Untersuchungen aufgrund unserer Inspektionen haben ergeben, dass es im Jahr 2020 auf Katars WM-Baustellen vier Todesfälle gegeben hat. Zum Vergleich: In Deutschland gab es im gleichen Zeitraum 97 Todesfälle auf Baustellen.

**Welche Ziele wollen Sie als Gewerkschaft noch erreichen?**
Schäfers: Uns geht es auch um Nachhaltigkeit. Wir wollen erreichen, dass wir auch nach der WM in Katar sozusagen freien Zugang zu allen Baustellen in Katar haben, um überall regelmäßige Kontrollen durchführen zu können. Und dann streben wir eine ständige Anlaufstelle für Arbeiter an, die sich über ihre Rechte informieren möchten. Den Arbeitern muss auch ein bes-

serer Zugang zur Justiz ermöglicht werden. Das ist aber ein Prozess, der nicht von heute auf morgen geht.

**In welchem Tempo lassen sich Reformen in Katar tatsächlich durchsetzen?**

Schäfers: Man muss einfach akzeptieren, dass solche Reformen ihre Zeit brauchen. Man darf nicht alles durch die europäische Brille sehen, sondern muss die Kultur und Verhaltensweisen akzeptieren, die sich über Jahrhunderte in der Region ausgebildet haben. Diese Schritte, die Katar in Sachen Modernisierung macht, sind für deren Verhältnisse riesig. Aus unserer Sicht sind sie klein. Es gibt nun einmal in Katar auch noch mächtige konservative Kräfte, die sämtliche Reformen am liebsten sofort zurücknehmen würden. Gegen diese Kräfte müssen die Modernisierer auch ständig ankämpfen. Das ist nicht leicht.

*„Den Menschen in Katar geht's wirtschaftlich sehr gut"* – **Interview mit Hikmet Hodzic**

*Hikmet Hodzic lebt seit 2008 in Katar, arbeitete zunächst für eine große deutsche Baufirma, ehe er zu einer niederländischen und anschließend zu einer katarischen Firma wechselte. Er lebt gemeinsam mit seiner Familie in Doha.*

Herr Hodzic, Sie kennen sich gut aus in Katar. Wie kommt das?

Hikmet Hodzic: Ich bin Bauingenieur und lebe seit 2008 in Katar. Ich bin damals bei einer großen deutschen Firma in der Hauptverwaltung angestellt gewesen, wir haben in Doha bis 2015 ein großes Bauprojekt abgewickelt. Die Firma hat sich dann aus Doha zurückgezogen und ich habe bis 2019 bei einer niederländischen Baufirma gearbeitet. Seit September 2019 arbeite ich nun für ein katarisches Unternehmen.

Wie gefällt es Ihnen in Katar?

Hodzic: Sehr gut, sonst wäre ich ja nicht immer noch hier. Man kann hier ein Leben auf sehr hohem Standard führen. Die Preise sind zwar recht hoch, aber man verdient auch entsprechend gut. Was mir in Katar besonders gefällt: Es ist ein unwahrscheinlich sicheres Land. Vielleicht das sicherste der Welt. Es gibt hier keine Kriminalität. Ich schließe zum Beispiel mein Auto nie ab. Lasse sogar das Portemonnaie drin liegen. Es würde sowieso nie etwas geklaut.

Diese Sicherheit bezahlt man aber sozusagen mit einer lückenlosen Überwachung seitens des Staates …

Hodzic: Ja, das stimmt, aber es macht mir nichts aus, weil ich nicht kriminell bin. Ich habe nichts zu verbergen. Also profitiere ich von diesem Überwachungssystem.

**Wie funktioniert das Überwachungssystem in Katar?**

Hodzic: Bei der Einreise werden bereits der Reisepass und das Foto gescannt. Das wird in eine Art Zentralrechner gespeist. Im Land gibt es zahllose Gesichtsscanner, die wiederum mit diesem Zentralrechnersystem verbunden sind. Diese Kameras hängen überall: An Straßen, vor und in Einkaufsmalls, in öffentlichen Gebäuden, der Metro. Bedeutet: Wenn jemand gesucht wird, kann er schnell gefunden werden.

**Was ist mit Datenschutz?**

Hodzic: Der wird in Katar natürlich nicht großgeschrieben. Da stören sich vielleicht viele dran, mir macht es nichts aus. Stört mich nicht, hat eher so seine Vorteile. Ein Beispiel: Meinem Sohn wurde in der Schule das Handy geklaut. Ich habe es der Polizei gemeldet, dann dauerte es gar nicht lange und wir hatten es wieder. Hintergrund: Jeder Einwohner Katars hat eine sogenannte ID-Karte, auf der alles gespeichert wird. Unter anderem auch die Telefonnummer, wenn man einen Handyvertrag abschließt. In dem Moment, als der Dieb seine SIM-Karte in das gestohlene Handy legte, meldete der Mobilfunkanbieter der Polizei den Namen und die Adresse des Diebs. Ganz einfach. So etwas geht natürlich zum Beispiel in Deutschland aufgrund der Datenschutzgesetze nicht.

**In der Hauptverwaltung Ihrer Firma hatten Sie seit 2008 auch damit zu tun, Arbeitskräfte zu besorgen. Wie sind die Firmen seinerzeit an die Arbeiter gekommen?**

Hodzic: Die Arbeiter wurden schon hauptsächlich aus Indien, Pakistan, Bangladesch, Nepal und den Philippinen angeworben. Wobei die Arbeiter von den Philippinen schon immer am meisten verdient haben, weil sie auch am besten ausgebildet waren. Viele europäische Firmen sind aber auch hingegangen und haben Arbeitskräfte aus Europa geholt. Im Stahlbau arbeiteten Kräfte aus Bosnien-Herzegowina, viele Eisenflechter wurden aus dem

Kosovo geholt, Monteure kamen aus Kroatien. Jede Firma muss hier abwägen zwischen den Anforderungen und den Kosten. Die europäischen Arbeitskräfte waren natürlich teurer als die asiatischen, man brauchte aber eben deren Fachkenntnisse. So etwas ist auf dem Arbeitsmarkt ein ganz normaler Vorgang.

Es gibt viel Kritik aus Europa an Katar, beispielsweise am Umgang mit den billigen Arbeitskräften aus Asien. Wie sah das Kafala-System, mit dem die Arbeiter an ihren Arbeitgeber gebunden wurden, in der Praxis aus?

Hodzic: Es mag Firmen geben, die ihren Arbeitern die Pässe abgenommen haben. Das waren aber eher schwarze Schafe der Branche. Meines Wissens hat das keine europäische Firma gemacht. Grundsätzlich ist es ja so, dass jede Firma für jeden seiner Arbeiter bis vor drei Jahren verpflichtend ein sogenanntes „Exit Permit" beantragen muss. Und davon gab es zwei Kategorien: Das „Permanent Permit" und ein normales „Exit Permit". Mit der Erstgenannten konnte man jederzeit ein- und ausreisen, das war aber auch um ein Vielfaches teurer als das normale Permit. Daher hatten die meisten normalen Arbeiter nur ein normales Permit. Aber damit konnten sie auch, wann sie wollten, in ihre Heimat reisen, es musste nur jedes Mal vom Arbeitgeber beantragt werden. Diese Permits, die es seit drei Jahren nun gar nicht mehr gibt, hatten ja ihre Geschichte in Katar…

Welche Geschichte?

Hodzic: Als ich hier anfing, war es kein Problem, einen Kredit von einer der Banken hier zu bekommen. Es war üblich und sehr vereinfacht, weil so viele Geschäfte und Firmen gegründet wurden, es war einfach alltäglich und auch wohl chaotisch. Im Prinzip reichte es, wenn man seinen Arbeitsvertrag vorgezeigt hat, dann hat man einen Kredit bekommen. Das haben viele ausgenutzt und sind einfach ausgereist aus dem Land, ohne den Kredit zurückzuzahlen. Sie sind einfach abgehauen. Um dem einen Riegel vorzuschieben, wurden diese Permits eingeführt. Mit diesen Permits und der ID-Karte war immer auf einen Blick einsehbar, ob derjenige, der das Land verlassen möchte, noch irgendwo Schulden hatte. Das war der ursprüngliche Sinn.

*Diese ID-Karte scheint ein recht wichtiges Dokument zu sein …*
Hodzic: Ja, extrem. Überhaupt muss man ja sagen, dass Katar unserer europäischen Welt in Sachen Digitalisierung um Vieles voraus ist. Meine Kinder sind in der Schule hier vom 1. Schuljahr an auf IPads und Computern unterrichtet worden. Diese Generation ist total fit in jedweder digitalen Technologie. Und darum funktioniert hier auch alles so reibungslos über Apps und diese ID-Karte. Wenn ich zum Beispiel meinen Auto-Fahrzeugschein verlängern will oder die Autoversicherung oder sonst irgendetwas – dann kann ich das alles online machen. Hier muss man nirgendwo hin und sich in eine Schlange stellen. Die Strom- und Wasserzähler werden schon immer ausschließlich digital abgelesen.

*Was passiert, wenn man sich mit Handys nicht auskennt?*
*Es mag ja durchaus noch Menschen geben – vor allem ältere –, die ohne ständigen Handygebrauch leben.*
Hodzic: Ehrlich gesagt: Hier in Katar nicht. Die Leute, die zum Arbeiten herkommen, sind ja eher jüngere, die kennen sich alle aus. Die älteren Menschen aus dem Kreis der Einheimischen, die möglicherweise nicht mit Handy leben, nehmen aber auch nicht am öffentlichen Leben teil. Die gehen halt nicht in eine Einkaufsmall oder fahren mit der Metro, was man ja beides nur tun kann, wenn man ein Handy mit den entsprechenden Apps sein Eigen nennt.

Sie haben gesagt, dass Sie das Leben in Katar grundsätzlich sehr genießen. Was gefällt Ihnen ganz besonders im Land?

Hodzic: Die Menschen sind unwahrscheinlich warmherzig und liebenswert. Das wird in Europa immer ganz anders dargestellt, ist aber wirklich so. Ich habe sehr viele echte Freunde unter den Kataris. Es dauert eine Weile, bis man ihr Vertrauen gewonnen hat, sie sind erst einmal lange distanziert. Hat man aber ihr Vertrauen, hat man Freunde fürs Leben, die alles für einen tun würden.

Die Menschen sind sehr hilfsbereit?

Hodzic: Die Hilfsbereitschaft ist enorm ausgeprägt. Nur ein Beispiel: Freitag ist ja der einzige freie Tag im Land, wie in Deutschland der Sonntag. Seit ich hier bin, nutze ich den Tag, um mit meiner Familie in die Wüste zu fahren. Da kann man wunderbar entspannen. Wenn es vorkommt, dass man mit einem Problem unterwegs liegenbleibt, kommt es einfach nicht vor, dass ein anderer achtlos vorbeifährt. Jeder hält an und fragt, ob er helfen kann. Oder tut das einfach ungefragt. Das ist ein Teil der Kultur des Landes.

Nicht alles an der katarischen Kultur kann Europäern geläufig sein.

Hodzic: Es ist klar, dass man sich an die Gebräuche, Gewohnheiten und die Kultur eines Landes anpassen sollte, wenn man dort Gast ist. Ich kann zum Beispiel nicht nachvollziehen, wenn ein Europäer, der seit Jahren in Katar arbeitet, mit kurzer Hose in die Einkaufsmall geht. Ein Tourist darf das, der weiß es nicht besser. Aber es ist und bleibt in der katarischen Kultur unangebracht. Das hat etwas mit Respekt zu tun.

Welche Rechte haben Frauen in Katar? Werden sie „klein"
gehalten?

Hodzic: Nein, überhaupt nicht. Unter der ehemaligen „First
Lady", Sheika Moza, wurde das Bildungssystem so forciert, dass
sehr viele Frauen eine ausgezeichnete Ausbildung erhielten und
heute in staatlichen Einrichtungen oder staatlichen Firmen Jobs
in hohen Positionen haben. Frauen werden hier wie Prinzessin-
nen behandelt, sie können sich auch völlig frei bewegen. Ich habe
viele Frauen in meinem Bekanntenkreis hier, die sehr viel reisen. Sie tun das meist im Familienverbund, sind aber auch allein
unterwegs. Sie reisen sehr gern in die Türkei, fliegen aber auch
in europäische Großstädte wie Paris, London und Berlin.

In Europa wird viel an fehlenden Menschenrechten in Katar
kritisiert. Wie nehmen Sie diese Kritik wahr?

Hodzic: Es kommt darauf an, was man unter Menschenrechten versteht. Wenn Polizisten in Deutschland beschimpft oder
mit Eiern beworfen werden, ist das für mich kein akzeptab-
les Menschenrecht. So etwas gibt es hier natürlich nicht, das
würde strengstens geahndet. Man muss sich das so vorstellen,
dass dieses Land wie ein Königreich funktioniert und von einer
Art König regiert wird. Nur ist es so, dass die Menschen hier
sehr glücklich mit dieser Art Führung sind, denn es geht ihnen
sehr gut. Und zu den Rechten der Arbeiter kann ich nur sagen,
dass der Staat ganz genau kontrolliert, ob die Arbeiter von den
Firmen korrekt bezahlt werden. Ein Generalunternehmer muss
nachweisen, dass er seine Arbeiter korrekt bezahlt hat, sonst
kann er beim Auftraggeber hier keine Rechnung stellen.

Wie gut geht es den Menschen materiell wirklich?

Hodzic: Enorm gut. Die einfachen Arbeitskräfte aus den asiatischen Entwicklungsländern verdienen ein Vielfaches von dem,
was sie in ihrer Heimat bekommen würden. Ein paar Details
dazu noch: Die medizinische Versorgung ist kostenlos. Auch

für einfache Arbeiter. Man bezahlt auch nichts für Wasser oder Strom. Das übernimmt alles der Staat. Wenn man als Katari heiratet, bekommt man vom Staat ein Grundstück geschenkt, auf dem man sein Haus bauen kann. Dazu bekommt man einen zinslosen Kredit in Höhe von 60 Monatsgehältern, der über 60 Jahre läuft. Meistens ist es so, dass der Emir selbst irgendwann diesen Kredit tilgt, also erlässt. Warum also sollte es hier Demonstrationen gegen die staatliche Führung geben? Den Menschen geht es zu gut für so etwas.

# Die Menschenrechte

**&**

## die Rolle der Frau in Katar

*Die Diskussion um Wohn- und Arbeitsbedingungen asiatischer Wanderarbeiter in Katar ist ebenso wie die Einhaltung der Menschenrechte ein ständiges Thema in der Berichterstattung im Vorfeld der Fußball-WM. Die Menschenrechtsorganisation Amnesty International hat seit Jahren einen ganz besonderen Blick auf Katar gerichtet und berichtet in regelmäßigen Abständen von den Entwicklungen im Land. Ein Gespräch mit Katja Müller-Fahlbusch, Nahost-Expertin bei Amnesty International, zeigt Entwicklungen und Tendenzen auf: Ist Katar auf dem richtigen Weg? Kann es gar als Vorbild für die Länder in der ganzen Region dienen?*

**„Das Land und seine Errungenschaften müssen nachhaltig beobachtet werden" – Interview mit Katja Müller-Fahlbusch**

*Katja Müller-Fahlbusch ist Expertin für die Region Naher Osten und Nordafrika bei der Menschenrechtsorganisation Amnesty International in Deutschland. Die Politikwissenschaftlerin lebte während ihres Studiums lange in Israel und arbeitete in Ägypten sowie Tunesien.*

Amnesty International hat in seinem jüngsten Bericht zu Katar gefordert, das Land müsse den Tod von Arbeitsmigrant_innen im Land genauer untersuchen. Können Sie die Problematik noch einmal beschreiben?

Katja Müller-Fahlbusch: Das Gros der Todesfälle von ausländischen Arbeiter_innen in Katar – etwa 70 Prozent – wird von der Regierung nicht näher untersucht. Dabei könnten bei dem Entwicklungsstand das Landes laut Expert_innen in bis zu 99 Prozent aller Todesfälle die Ursachen ermittelt werden. Anstatt die Todesfälle jedoch genauer zu untersuchen, steht auf dem Großteil der Todesscheine so etwas wie „ungeklärte Todesursache", „natürliche Todesursache" oder „Herzversagen".

Was müsste getan werden? Autopsien aller Todesfälle?

Müller-Fahlbusch: Das wäre sicher nicht realistisch und auch nicht notwendig. Todesursachen können häufig auch durch eine Untersuchung des Umfelds des verstorbenen Arbeiters oder in Gesprächen mit Kolleg_innen ermittelt werden. Das würde schon einen Großteil der Todesfälle aufklären. Amnesty fordert die Einführung von diesen nicht-invasiven, sozialen und verbalen Autopsien und die Schulung des medizinischen Personals, um sicherzustellen, dass alle die gesetzlichen Vorschriften für Autopsien kennen und wissen, unter welchen Umständen eine invasive Autopsie notwendig ist.

Was haben die mangelhaften Untersuchungen für Auswirkungen?

Müller-Fahlbusch: Den Angehörigen der Verstorbenen wird das Recht auf Entschädigung genommen. Würde die Todesursache genauer bestimmt und entsprechend Verantwortlichkeiten festgestellt, könnten sie Zahlungen verlangen. Das sind keine Bagatellen: Es geht da um die Existenz von ganzen Familien. In Bangladesch, Indien oder Pakistan leben zum Teil ganze Familien von dem Verdienst eines Arbeiters. Bei dessen Tod verliert eine ganze Familie ihre einzige Einkommensquelle. Diese Familien haben oft bereits eine Menge investiert: Sogenannte Vermittler verlangen zwischen 3.000 und 5.000 US-Dollar für die Vermittlung einer Arbeitsstelle in Katar.

Es gibt enorme Unterschiede, was die angegebenen Anzahlen von Todesfällen von Bauarbeitern im Land betrifft. Ist es möglich – wenn ja, wie? – an seriöse Zahlen zu kommen?

Müller-Fahlbusch: Die Datenlage ist sehr schwierig. Unterschiedliche Quellen sprechen in Bezug auf Todesfälle von völlig unterschiedlichen Zahlen. Wir können nicht verifizieren, welche Zahlen richtig sind, weil keine aussagekräftigen und seriös überprüfbare Daten vorliegen. Das ist ein großes Problem.

Der englische „Guardian" hat 2021 von über 6.500 Todesfällen im Zusammenhang mit den WM-Stadionbauten geschrieben. Können Sie diese Zahl nach Ihren Untersuchungen bestätigen?
Müller-Fahlbusch: Nein, diese Zahl können wir weder bestätigen noch widerlegen. Wir verfügen nicht über ausreichend verwertbare Quellen. Laut offizieller Statistik aus Katar gab es im Lauf der vergangenen zehn Jahre 15.021 Todesfälle katarischer Arbeiter – aller Altersstufen, Herkunft und in verschiedensten Branchen. Diese Zahl ist schwer zu bewerten, zum Beispiel weil die Todesursachen nicht klar sind. Das Organisationskomitee der WM in Katar nennt die Zahl von 35 Toten unter den Arbeitern auf WM-Baustellen. Auch diese Zahl können wir nicht verifizieren.

Konnte Amnesty International selbst Untersuchungen zu Todesursachen anstellen?
Müller-Fahlbusch: Wir haben uns die Todesfälle von sechs Arbeitern genauer angeschaut, indem wir in deren Heimatländern Untersuchungen angestellt haben. Alle sechs Männer waren kaum älter als 30 Jahre und hatten vor ihrem Arbeitsantritt einen umfangreichen Gesundheitscheck durchlaufen – laut ihren Angehörigen waren sie bei bester Gesundheit. Das lässt die Vermutung zu, dass sie kollabiert sind. Ein zentrales Problem ist häufig die extreme Hitze auf den Baustellen, sie sorgt für die größte Gesundheitsgefährdung.

Gerade viele Bauunternehmer, die in Katar Wanderarbeiter aus Entwicklungsländern beschäftigen, verstehen die Kritik aus Europa nicht. Sie gäben den Arbeitern eine Chance, heißt es. Eine Chance, mehr Geld zu verdienen als in ihrer Heimat. Wie stehen Sie dazu?
Müller-Fahlbusch: Auch wir hören in den Gesprächen mit den Arbeiter_innen, dass sie froh sind, in Katar Arbeit zu erhalten. Sie bekommen auf diesem Weg eine Chance, für ihren Lebens-

unterhalt und den ihrer Familien zu sorgen. Deshalb bewerben sich die Arbeitsmigrant_innen ja auch auf die Stellen. Sie wollen nach Katar, niemand zwingt sie. Aber sie wollen eben auch menschenwürdige Arbeits- und Lebensbedingungen vor Ort. Und genau das ist auch ihr gutes Recht.

**Wie haben sich die Arbeitsbedingungen in Katar angesichts des öffentlichen Drucks im Zusammenhang mit der WM entwickelt?**
Müller-Fahlbusch: Katar hat – auf dem Papier – weitreichende Reformen verabschiedet. Es wurde ein Mindestlohn eingeführt, die Arbeitszeiten wurden angepasst, der Hitzeschutz wurde verbessert. Die freie Ausreise wurde erleichtert und ein selbständiger Jobwechsel theoretisch ermöglicht. Ein elektrisches Lohnzahlungssystem wurde eingeführt, um Lohndiebstahl zu verhindern. Insbesondere für die Arbeiter auf den WM-Baustellen haben sich auch in der Praxis die Arbeits- und Lebensbedingungen spürbar verbessert, weil sich die beteiligten Bauunternehmen angesichts der öffentlichen Kontrolle weitestgehend an diese neuen Regeln gehalten haben. Die Arbeiter auf den WM-Baustellen machen aber nur zwei Prozent aller Arbeitsmigrant_innen in Katar aus.

**Was ist mit den restlichen 98 Prozent der Wanderarbeiter?**
Für die restlichen 98 Prozent sieht die Lage wesentlich schlechter aus, weil nicht so genau draufgeschaut wird. Außerhalb der WM-Baustellen werden viele dieser Regeln und neuen Gesetze nicht umgesetzt. Und es wird von staatlicher Seite zu wenig getan, um diese Gesetzesverletzungen zu sanktionieren. In aller Regel können Arbeitgeber_innen das Arbeitsrecht verletzen, ohne Konsequenzen befürchten zu müssen. Noch immer sind unzählige Arbeitsmigrant_innen im ganzen Land skrupellosen Arbeitgeber_innen ausgeliefert, die Lohndiebstahl betreiben, unsichere Arbeitsbedingungen herstellen und manchmal unüberwindbare Hindernisse zum Arbeitsplatzwechsel auf-

bauen. Ein Großteil der Arbeitgeber_innen macht mit dem „business as usual" weiter und beutet die Arbeitskräfte ungestraft aus.

### Taugt der Modernisierungsprozess in Katar grundsätzlich als Vorbild für die Nachbarn in der Region?

Müller-Fahlbusch: Katar könnte ein Vorbild sein, denn das Kafala-System, bei dem Arbeitsmigrant_innen in menschenunwürdiger Abhängigkeit zu ihren Arbeitgeber_innen stehen, gibt es ja auch bei den Nachbarn wie Saudi-Arabien, den Vereinigten Arabischen Emiraten oder Bahrain. Seit Katar sich 2017 verpflichtet hat, sein Arbeitssystem zu überarbeiten, hat es wichtige Gesetze für Reformen eingeführt. Die Fortschritte vor Ort stagnieren jedoch und alte, missbräuchliche Praktiken sind teils erhalten geblieben, teils leben sie wieder auf. Die Regierung hat es insbesondere versäumt, die Reformen konsequent umzusetzen, indem sie ihre Durchsetzung überwacht und Missbrauchstäter zur Rechenschaft zieht. Dieses Versagen lässt Zweifel aufkommen an dem Versprechen, dass die Fußball-Weltmeisterschaft für Arbeitsmigrant_innen eine Wende bedeuten würde.

### Haben Arbeiter in Katar genügend Möglichkeiten, für ihre Rechte zu streiten?

Müller-Fahlbusch: Nein. Ausländische Arbeitnehmer_innen dürfen sich nach wie vor nicht in Gewerkschaften organisieren. Nach wie vor gibt es in Katar nicht das Recht zur freien Meinungsäußerung. Es gab 2021 den Fall des kenianischen Arbeitsrechtaktivsten Malcolm Bidali, der sich kritisch geäußert hatte und daraufhin mit fadenscheiniger Begründung in Haft genommen wurde. Er durfte das Land erst nach Zahlung einer hohen Geldstrafe verlassen. Über das Klima bei öffentlichen Äußerungen sagt das viel aus.

Wo besteht noch Verbesserungs- bzw. Nachholbedarf in Katar?
Müller-Fahlbusch: Es gibt noch viel zu tun. Nach wie vor gibt es starke konservative Kräfte – insbesondere auch in der katarischen Wirtschaft –, die dem Reformprozess kritisch gegenüberstehen. Es formiert sich immer wieder Widerstand, der die gesellschaftlichen Veränderungen rückgängig machen möchte. Es wird enorm wichtig sein, dass wir Katar nach der Fußball-WM nicht aus den Augen verlieren und öffentlich dokumentieren, wie sich die Menschenrechtslage vor Ort weiter entwickelt. Das Land und seine Errungenschaften müssen nachhaltig beobachtet werden.

*In Katar leben Frauen nicht selbstbestimmt und dürfen sich in der Öffentlichkeit nur voll verschleiert bewegen – so das gängige Frauenbild, das aus dem Emirat nach Europa herüberschwappt. Aber stimmt das so? Welche Rolle spielen Frauen in Katar wirklich? Welche Rechte haben sie? Welche Rechte nehmen sie sich? Und wie machen sie das? Ein Gespräch mit Prof. Dr. Claudia Lux, die fünf Jahre in Katar lebte.*

### „Die Frauenpower in Katar ist nicht mehr aufzuhalten" – Interview mit Prof. Dr. Claudia Lux

*Die Bibliothekarin Prof. Dr. Claudia Lux ist Honorarprofessorin am Institut für Bibliotheks- und Informationswissenschaft der Humboldt-Universität zu Berlin. 2012 ließ sie sich als Generaldirektorin der Zentral- und Landesbibliothek Berlin bis zum Eintritt ins Rentenalter freistellen, um in Katar die Qatar National Library aufzubauen.*

Frau Lux, Sie haben zwischen 2012 und 2017 in Katar gelebt, haben dort die Nationalbibliothek in Education City aufgebaut. Wie kam es zu diesem Engagement?

Claudia Lux: Ich bin im Oktober 2010 von einem Headhunter angerufen worden mit der Frage, ob ich mir vorstellen könne, die Nationalbibliothek in Doha aufzubauen. Ich war erst skeptisch und habe spontan „Nein" gesagt. Die Leute sind aber drangeblieben und haben mir geraten, die Verantwortlichen einmal anzuhören. Ich bin also nach Doha zu Gesprächen gereist und die haben mich überzeugt. Es war vor allem Sheika Moza, die zweite Ehefrau des Emirs, die mich mit ihrem Konzept und ihrer Art begeistert hat.

**Wie war das erste Zusammentreffen mit Sheika Moza?**

Lux: Faszinierend. Da stand eine Frau vor mir, die einen ganz klaren Willen spüren ließ. Sie wusste genau, was sie wollte. Sie hat mir die Aufgabe vorgestellt und aber auch gleich Forderungen gestellt. Sie wollte von mir zum Beispiel vier Wochen später bereits ein Konzept vorliegen haben. Ihr ging es darum, in ganz besonderer Weise die Frauen im Land durch Bildung zu fördern. Die Bibliothek war ein Teil dieses Konzepts.

**Wie sah Ihre Aufgabe genau aus?**

Lux: Ich musste alles von Grund auf planen und konzipieren: Bestand, Personal, Technik, Dienstleistungen. Die Planung des Gebäudes durch Rem Kohlhaas lag vor, ich habe aber Änderungen gefordert. Es gab gravierende Mängel in der Einrichtung, aber auch im Konzept. Arbeitstische und Regale waren ungünstig geplant und es war zum Beispiel eine Kinderbibliothek vorgesehen, die viel zu klein war und an falscher Stelle lag. Da habe ich Veränderungen vorgeschlagen und wir konnten später tatsächlich eine große, schöne Kinderbibliothek einweihen. Daneben musste ich das Personal planen und Bücher kaufen. Ich habe allein in der Zeit meines Aufenthalts über 600 Bewerbungsgespräche geführt, die letztlich zu gut 130 Anstellungen geführt haben.

**Wurden Sie als deutsche Frau von den Verantwortlichen vor Ort gleich akzeptiert?**

Lux: Das ging sehr schnell. Ich musste einen Business-Plan erstellen, um die vorgesehenen Gelder bekommen zu können. Das waren Gespräche, die ähnelten im Grunde sehr denen, die ich zuvor mal mit der Berliner Verwaltung geführt hatte. Als die Verhandlungen einmal stockten, habe ich rigoros das Bild des Architekten vom Innenraum der Bibliothek verändert und alle Bücher daraus entfernt. Dann habe ich dem Finanzmann die leeren Regale gezeigt: „Schau, das bekommt ihr zur Eröffnung, wenn ihr meinen Plan jetzt nicht umsetzt". Da wurden die Gelder sofort bewilligt.

*Sie haben auch den Bucheinkauf gesteuert. Welche Bücher dürfen hinein nach Katar, welche nicht? Stichwort „Zensur"?*
Lux: Sheika Moza hat mir in unserem ersten Gespräch bereits gesagt, dass es für die Nationalbibliothek keinerlei Zensur gibt. Es durften und sollten Bücher aller Art und Richtungen eingekauft werden. Als es einmal eine Nachfrage wegen eines Buches mit dem Titel „How to be a gay" gab, bin ich hin und habe die Sache geklärt. Es handelte sich nur um das Thema in einem Literaturkurs eines US-amerikanischen Professors, der seine Probleme damit in einer amerikanischen Kleinstadt-Uni schilderte. Als ich einem Chef der Foundation das erklärte und wissen wollte, ob ich so etwas nicht kaufen darf, schmunzelte der nur und sagte zu mir: „Ach Frau Lux, wenn sie wüssten, was meine Söhne auf YouTube alles anschauen könnten, dann würden Sie diese Frage nicht stellen. Das ist kein Problem".

*Es sind alle Arten von Büchern erlaubt in Katar?*
Lux: In der Universitäts-Bibliothek schon. In öffentlichen Büchereien nicht. Meine Mitarbeiterinnen haben zum Beispiel auch eine ganze Reihe von Liebesromanen eingekauft, das geht schon. Man muss aber grundsätzlich in Katar die dortige Kultur auch respektieren. Die Menschen dort gehen sehr freundlich und vorsichtig miteinander um, man wird niemals bedrängt. Es ist ein bisschen wie in Asien: Nichts sagen bedeutet normalerweise ein „Nein".

*Haben Sie sich während ihrer fünf Jahre in Katar als Frau in ihren Rechten eingeschränkt gefühlt?*
Lux: Nein, in keinster Weise. Ich konnte mich frei bewegen. Wie alle anderen Frauen dort auch. Eine amerikanische Kollegin schwärmte davon, wie sicher sie sich in Katar fühlt, wenn sie

spazieren geht, was in ihrer Heimatstadt gar nicht möglich ist. Es ist klar: Das Land ist im Wandel, im Prinzip ist die Rolle der Frauen seit 1995 einem starken Wandel unterworfen. Aber das geht fließend, nicht auf einen Schlag. Education City, das große Universitätsviertel mit internationalen Universitäten, ist ja 1995 von einer Frau, von Sheika Moza, gegründet worden. Es wird mittlerweile von ihrer Tochter geführt. Es war von Anfang an das erklärte Ziel, den Frauen in Katar Zugang zu einer hoch- qualifizierten Universitätsausbildung zu verschaffen. Und das ist umgesetzt worden. Einhergehend mit einer veränderten Rolle der Frau in der katarischen Gesellschaft. Es gibt mittlerweile zahlreiche Frauen in hohen Ämtern.

Aber es wird so viel von Geschlechtertrennung und männlicher Bevorzugung in Katar berichtet?
Lux: In Education City studieren junge Frauen und Männer gleichberechtigt miteinander und der weibliche Anteil überwiegt prozentual. Natürlich gibt es Familien, die sich daran erst lang- sam gewöhnen mussten, und das hat auch immer wieder zu spe- ziellen Situationen im Alltag geführt. Die katarischen Frauen nehmen sich ihre Rechte sozusagen schleichend. Es gab Fälle, da hat eine Frau ihrer Familie erst eröffnet, dass sie fortan mit Männern gemeinsam studieren wird, als sie bei dem Programm angenommen worden war. Ein anderes Beispiel: Oft machen die Frauen – in Absprache mit ihren Müttern zum Beispiel – den Führerschein heimlich und stellen die männlichen Familienmit- glieder dann vor vollendete Tatsachen.

Es wird berichtet, dass katarische Frauen nicht allein reisen dürfen …
Lux: Was nicht stimmt. Sie reisen zuweilen allein, zuweilen in Begleitung von Familienangehörigen. Gern zum Beispiel nach Europa, ganz besonders gern nach London. Dort gehen die Frauen dann in Buchhandlungen und kaufen Bücher, die es in

91

Katar noch nicht gibt. Die lesen sie dann im Hotel. Ich hatte viele junge katarische Frauen in meiner Abteilung, deren Weg ich natürlich ganz besonders verfolgt habe. Es waren welche darunter, die durften zum Beispiel zu Beginn nicht mit mir zu Kongressen ins Ausland reisen. Ein oder zwei Jahre später war das kein Thema mehr. Da bin ich zum Teil in Begleitung von sieben bis acht jungen katarischen Frauen zu Bibliothekskonferenzen ins Ausland gereist.

**Die katarischen Frauen müssen nicht mehr vorsichtig sein in ihrem Tun und Auftreten?**
Lux: Die Frauen respektieren einen Teil der historisch gewachsenen Kultur ihres Landes. Sie haben zu mir gesagt: „Wir wissen, dass wir nicht in einer Demokratie leben. Aber unser Staat macht es gut, wie er es macht". Sie tragen fast alle die Abaya, das schwarze Gewand, das den Körper verdeckt. Darunter stecken aber Frauen jedweden Charakters: Laute, fordernde, elegante, zurückhaltende bis hin zu eingeschüchterten. Die Charakteristika der Frauen sind genauso wie überall woanders auf der Welt.

**Bedeutet: Das Frauenbild, das wir in Deutschland von Katar haben, ist völlig falsch?**
Lux: Es ist völlig undifferenziert. Es wird der Situation der Frauen in Katar nicht gerecht. Und es wird auch den Menschen, die dort leben und sich entwickeln, nicht gerecht. Die Frauen nehmen sich in Katar Stück für Stück mehr Rechte. Im Grunde ist die Frauenpower in Katar gar nicht mehr aufzuhalten, in der Bildung haben sie sich schon einen deutlichen Vorsprung erarbeitet und auch als Unternehmerinnen werden sie immer mehr sichtbar. Auch bei uns durften Frauen bis 1977 nur berufstätig sein, wenn das mit ihren Rechten und Pflichten als Ehefrau vereinbar war. Wenn ich das meinen jungen Frauen in Katar berichtet habe, haben sie mir gar nicht geglaubt. Sie dachten, in Deutschland seien die Frauen den Männern schon immer

gleichgestellt gewesen. Ich will damit sagen: Auch in Deutschland war und ist die Emanzipation der Frauen ein Prozess. Das ist im Moment in Katar auch so. Natürlich gibt es in Katar konservative Kräfte und Traditionalisten, die Sheika Mozas Ideen und Tun kritisieren. Das hält die langsame Entwicklung zu einer moderneren Gesellschaft derzeit aber nicht auf.

Überhaupt wird in europäischen Medien im Zusammenhang mit der Fußball-WM sehr negativ über Katar berichtet. Das Land wird oft als eine Art „Schurkenstaat" hingestellt. Können Sie das nachvollziehen?

Lux: Nein und ich halte das auch für nicht korrekt. Katar wird gerade im Moment wegen der internationalen Sportveranstaltungen immer wieder in den Medien mit China in einen Topf geworfen und es wird über mangelnde Menschenrechte in beiden Ländern geklagt. Man muss sich aber genau anschauen, was

Speicher des Wissens – die Qatar National Library

in Katar passiert. Natürlich gibt es noch viele alte Gesetze, die sehr unmodern und mit unserer Rechtslage nicht vereinbar sind. Aber sie werden de facto im Land nicht mehr umgesetzt. Leider passiert das auch manchmal mit den neuen, guten Gesetzen. Mir hat einmal ein ranghoher Katari gesagt: „Was jemand in Katar hinter seiner Haustür macht, das ist uns egal". Will sagen: Die eigene Wohnung dient als Schutzraum, dort kann jeder frei tun, was er will. Man darf nach außen die Traditionalisten aber nicht provozieren. Aber das muss man ja auch nicht.

Vielerorts wird vermutet, die Modernisierungstendenzen hielten in Katar nur bis zur WM, während der die ganze Welt auf das Land schaut. Danach sei alles wieder beim Alten. Glauben Sie das auch?

Lux: Kann ich mir nicht vorstellen. Die Emanzipierung der Frauen hat ja 1995, also weit vor der WM-Vergabe begonnen. Das Rad ist nicht mehr zurückzudrehen. Schauen Sie sich mal die selbstbewussten und gut ausgebildeten Frauen dort an. Natürlich ist es theoretisch möglich, dass irgendwann mal wieder sehr konservative Kräfte die Führung des Landes übernehmen und Reformen zurückdrehen. Davor ist kein Land gefeit, was man übrigens auch in Europa beobachten kann. Ich glaube aber eher nicht, dass das in Katar passieren wird.

# Katars Fußball

# Kletternde Nationalmannschaft – alternde Liga

Katar ist ein verhältnismäßig junges Land, entsprechend hat das Emirat auch noch keine lange Fußballgeschichte. Die erste nationale Fußballliga wurde erst 1963/64 in Angriff genommen, nachdem 1960 der erste katarische Fußballverband gegründet worden war. Zuvor rollte zwar auch schon gelegentlich ein Fußball durch den Sand des Emirats – gespielt wurde er allerdings ausnahmslos von Gastarbeitern. Es waren die Arbeiter der ersten ausländischen Ölfirmen, die nach der Entdeckung des „Schwarzen Goldes" vor der Küste in den 40er Jahren den Fußball mit ins heiße Land brachten.

Der erste Verein, der in Katar gegründet wurde, war Al Najah, heute bekannt als Al Ahli, ein Spitzenklub in der Liga. Wie alle seine Konkurrenten spielte Al Najah in den ersten Spielzeiten im Doha Sports Stadium – einer mit Mauern umbauten Arena mit dem ersten Rasenplatz des Landes, die noch heute im Herzen der Stadt ganz in der Nähe des Hafens steht.

Sein erstes Länderspiel bestritt Katar 1970 gegen den Nachbarn Bahrain, bevor es im gleichen Jahr am ersten Arabischen Golf-Cup teilnahm. Sechs Jahre später war Katar Gastgeber dieses Turniers, wurde dabei immerhin Dritter. 1977 bestritt die Nation ihr erstes offizielles WM-Qualifikationsspiel. Erneut ging es gegen Bahrain und die Katarer gewannen mit 2:0.

1980 konnte sich die katarische Nationalmannschaft erstmals für den AFC Asian-Cup qualifizieren, nachdem sie ihre Qualifikationsgruppe gegen Bangladesch und Afghanistan als Sieger hatte beenden können. Zwar schied Katar im Endturnier bereits nach der Vorrunde aus, doch man hatte international einen ersten wirklichen Schritt nach vorn getan, was sich auch auf die Entwicklung des Nachwuchsfußballs auswirkte. 1980 schaffte die U20-Auswahl des Landes einen damals sensationellen zweiten Platz bei der Asian Youth Championship, was dem Land die Eintrittskarte zur U20-Weltmeisterschaft 12 Monate später in Australien einbrachte. Und hier passierte schier Unglaubliches: Die jungen Katarer bezwangen in Down Under Polen, Brasilien und England, bevor erst im Finale eine 0:4-Niederlage gegen Deutschland das Ende eines traumhaften Ritts bedeutete. Katars Jugendauswahl war sensationell Vize-Weltmeister geworden. Bei der Rückkehr nach Katar wurde die junge Mannschaft umjubelt wie noch kein Team zuvor. Auf der Corniche in Doha fand ein Triumphzug statt, Fußball wurde vielleicht erstmals ernsthaft als gesellschaftliches Element der Nation akzeptiert.

All dies hatte natürlich auch Auswirkungen auf die Entwicklung des Männerfußballs im Land. Die Scheichs hatten Gefallen gefunden am Sport mit dem runden Leder und finanzierten zunehmend in die Infrastruktur und Ausbildung der Fußballer. 1984 unterlag das Männerteam erst im Finale des Arabischen Golf-Cups gegen den Irak, im gleichen Jahr konnte man sich für die Olympischen Spiele in Los Angeles qualifizieren. Katar schied dort zwar schon in der Vorrunde aus, schaffte aber ein viel beachtetes Unentschieden gegen Frankreich, das später die Goldmedaille gewann. Auf dem eigenen Kontinent gelangen weitere gute Resultate. 1984 und 1988 klappte es jeweils mit der Qualifikation für den AFC Asian Cup, wo 1984 gegen Japan ein überraschender 3:0-Sieg gelang.

Katar ging beinahe schon als aufstrebende Fußballnation in die 1990er Jahre. Die WM 1990 war knapp verpasst worden, man war in der finalen Qualifikationsrunde nur hauchdünn an den Vereinigten Arabischen Emiraten gescheitert, die einen Punkt mehr erzielten. Dafür wurde Katar wieder Zweiter im Arabischen Golf-Cup. Diesmal unterlag das Team im Finale Kuwait knapp. Aber zwei Jahre später war es soweit und Katar gewann mit dem Arabischen Golf-Cup 1992 unter dem brasilianischen Trainer Sebastiao Lapola seinen ersten größeren Titel. Im gleichen Jahr war die Auswahl auch bei den Olympischen Spielen in Barcelona dabei und konnte erneut glänzen. Nach einem Sieg gegen Ägypten (1:0) in Sabadell gelang gegen Kolumbien ein Unentschieden, bevor eine 0:2-Niederlage gegen Gastgeber Spanien folgte. Im Viertelfinale war aber Schluss: Polen, späterer Silbermedaillengewinner, war beim 2:0 eine Nummer zu groß. Groß war die Enttäuschung 1997, als das Team in den Qualifikationsspielen für die WM 1998 in Frankreich noch genau einen Schritt vom großen Triumph entfernt war. Im allerletzten Qualifikationsspiel gegen Saudi-Arabien hätte ein Sieg die Qualifikation bedeutet. Doch es ging schief: Katar verlor mit 0:1. Und es war wieder nichts mit dem Weltmeisterschafts-Debüt.

Dafür lief es auf dem eigenen Kontinent besser. Zum zweiten Mal konnte 2004 der Arabische Golf-Cup gewonnen werden, bevor die Fußballer 2006 bei den Asian Games im eigenen Land die Goldmedaille gewannen. Für die WM 2002 hatte es hingegen wieder nicht gereicht – wieder war man nur knapp an den Vereinigten Arabischen Emiraten gescheitert, die statt Katar in die entscheidenden Relegationsspiele gegen Irland gehen konnten. Dass es zudem im Fußball nicht ganz so leicht ist – wie zum Beispiel im Handball oder in der Leichtathletik –, sich eine qualitativ bessere Nationalmannschaft zusammenzukaufen, mussten die Katarer 2004 einsehen. Man war in jenem Jahr drauf und dran mit Ailton und Dedê zwei Stars aus der Bundesliga einzubürgern. Die katarische Nationalität wäre für die durchaus interessierten Spieler mit vielen Millionen US-Dollars belohnt worden. Doch der Fußball-Weltverband FIFA schob solcherlei Ansinnen sogleich einen Riegel vor, indem er Einbürgerungen von Personen „ohne jeden Bezug zum Land" rigoros verbot.

Nachdem Katar 2010 die Austragung der WM 2022 zugesprochen worden war, wurde der Fokus logischerweise noch einmal verstärkt auf die Entwicklung der Nationalmannschaft gelegt. Talent-Förderprogramme wurden aufgelegt, schon 2004 war die gigantische Aspire Academy in Doha eröffnet worden. Ein Sportgelände mit Trainingsmöglichkeiten, für die Katar weltweit noch heute beneidet wird. Und es ging fußballerisch auch leistungsmäßig weiter aufwärts. Als Gastgeber des AFC Asian Cups erreichte man das Viertelfinale, schaffte aber erneut nicht die Qualifikation für die WM 2014. Dafür siegten die Katarer in der Westasiatischen Meisterschaft im gleichen Jahr, wieder einmal wurde Nachbar Bahrain im Finale besiegt. Später im Jahr holte sich Katar zum dritten Mal den Titel beim Arabischen Golf-Cup. Was quasi schon im Vorgriff über die enttäuschende Leistung bei den Asien-Meisterschaften 2015 hinweghalf, als die Mannschaft sang- und klanglos nach drei Niederlagen schon in der Vorrunde ausschied.

Dies aber war möglicherweise ein Dämpfer zur rechten Zeit, denn nachdem sich das Team auch für die WM 2018 in Russland nicht hatte qualifizieren können, folgte 2019 der bis heute

größte Triumph: Katar wurde Asien-Meister. Unter Trainer Felix Sanchez, der als jahrelanger Jugend-Ausbilder mittlerweile auch die Männer-Nationalmannschaft übernommen hatte, düpierte Katar mit seinen Talenten von einst die asiatische Konkurrenz und kassierte während des gesamten Turniers nur einen einzigen Gegentreffer. Den gab's im Finale, als Japan mit 3:1 geschlagen werden konnte. Zuvor hatte man vor allem die Teams aus der direkten Nachbarschaft regelrecht gedemütigt. Mit einem 2:0 über den Libanon ins Turnier gestartet, demontierte man Nordkorea anschließend mit 6:0. Im abschließenden Gruppenspiel gegen den großen Nachbarn Saudi-Arabien gelang ein 2:0 und damit der Gruppensieg. Nach Siegen gegen den Irak und Südkorea folgte im Halbfinale der Showdown gegen Gastgeber VAE. In Abu Dhabi begann ein Spießrutenlauf für die Katarer, deren Hymne bereits vor dem Anpfiff gellend ausgepfiffen wurde. Während der Partie regnete es Flaschen und Schuhe aus den Zuschauerrängen auf die Spieler – in Arabien eine außerordentliche Beleidigung. Die Katarer ließen sich aber nicht beirren und besiegten den großen Nachbarn deutlich mit 4:0. Das Finale gegen Japan setzte dem Ganzen dann die Krone auf. Katar geht also als amtierender Asien-Meister in die Heim-WM 2022.

Mittlerweile wurden die umtriebigen und finanzstarken Katarer auch von anderen Kontinenten in ihrer Vorbereitung auf das Heimturnier unterstützt. 2019 durfte Katar auf spezielle Einladung des südamerikanischen Fußballverbandes an der Copa America teilnehmen, wo man bemerkenswert aufspielte. Nach einem 2:2 zu Beginn gegen Paraguay und einer Niederlage gegen Kolumbien unterlag die katarische Mannschaft Lionel Messi und Argentinien im abschließenden Gruppenspiel nur mit 0:2. 2021 debütierte Katar unter Felix Sanchez dann auch als Gast im Golf-Cup des CONCACAF-Verbandes. Dort schlug man sich gegen die Konkurrenz aus Mittelamerika beachtlich, verlor erst im Halbfinale gegen die USA mit 0:1.

Hoffnungsträger: Der Spanier Felix Sanchez arbeitet bereits seit 2006 als Trainer in Katar.

Die Nationalmannschaft Katars: Die WM-Vorrunden-Gruppe mit Ecuador, Senegal und den Niederlanden erscheint machbar.

## Vereinsfußball dümpelt vor sich hin

Im Gegensatz zum qualitativen Aufstieg der Nationalmannschaft hat sich die katarische nationale Fußball-Liga bislang überaus schwergetan, sich im Weltfußball zu etablieren. Nationale Liga-spiele ziehen kaum Fans an, oft wird in der „Stars League" vor weniger als 1.000 Zuschauern gespielt. Daran konnte auch die Anwerbung zahlreicher namhafter Weltstars nichts ändern, die in Katar für gutes Geld ihre Karriere ausklingen ließen. 2003 erhielt jeder Verein der Qatar Stars League vom Fußballverband zehn Millionen US-Dollar an „Spielgeld", um internationale Stars ins Land zu locken. Es kamen unter anderem Stefan Effenberg und Mario Basler. Zudem spielten internationale Stars wie Pep Guardiola, Fernando Hierro, Raul, Marcel Desailly, Romario, Ronald de Boer, Gabriel Batistuta, Samuel Eto'o und Xavi Hernandez für katarische Klubs, deren mit Abstand erfolgreichster Al Sadd aus der Hauptstadt Doha ist. Der Verein holte schon 15 katarische Meistertitel und gewann zweimal (1989 und 2011) die asiatische Champions League. Besonders die Verpflichtung des ehemaligen Barca-Stars Xavi zahlte sich für Al Sadd so richtig aus. Xavi, der 2015 nach Katar wechselte, gewann zunächst als Spieler vier Titel mit dem Rekordmeister des Emirats, um anschließend das Traineramt mit noch größerem Erfolg zu übernehmen. Sieben Siegerpokale brachte er Al Sadd bis zum Winter 2021 ein, ehe ihn sein Stammverein FC Barcelona nach der Entlassung von Ronald Koeman zurückholte und zum neuen Cheftrainer machte.

# Katars Frauenfußball – bislang keine Erfolgsgeschichte

Monika Staab ist nicht gerade begeistert, wenn sie von Katars Frauenfußball berichtet. Die deutsche Frauenfußball-Pionierin, die während ihrer eigenen aktiven Fußballkarriere unter anderem für Paris St. Germain, den FC Southampton und die Queens Park Rangers spielte, ehe sie eine noch viel erfolgreichere Trainerkarriere hinlegte, war dabei, als im Emirat nach der WM-Vergabe 2010 der Frauenfußball aufgebaut werden sollte. „Hier wurde eine große Chance für den Frauenfußball schlichtweg vertan", sagt sie.

Die Entwicklung des Frauenfußballs war ein wichtiges Kriterium in den WM-Bewerbungsunterlagen Katars, entsprechend musste man im Emirat zügig vorangehen, nachdem man im Dezember 2010 den WM-Zuschlag erhalten hatte. Auf der Suche nach einer Expertin für dieses Unterfangen mussten die Kataris gar nicht so lange nachdenken – sie landeten logischerweise rasch bei Monika Staab. Schließlich hat die 63-Jährige im Laufe ihrer langen Karriere als Fußball-Lehrerin schon in 85 Ländern dieser Welt für den Frauenfußball ihre Expertise eingebracht. Vereinfacht gesagt: Es gibt weltweit wohl keine bessere Expertin für den Aufbau von Fußball-Strukturen für Mädchen und Frauen.

Und: Monika Staab mag so etwas. Aufbauen, wo noch nichts ist. Und so reiste die im hessischen Dietzenbach geborene Tochter eines Bäckermeisters, die übrigens schon mit elf Jahren in einer Frauenmannschaft mitgespielt hatte, weil es zu ihrer Zeit noch keine Mädchenmannschaften gab, im Februar 2013 nach Katar.

Wo fängt man an, wenn noch nichts an Basis existiert? Staab weiß das: „In solchen Fällen muss man in die Schulen gehen und dort nach fußballbegeisterten Mädchen suchen", erklärt sie. So machte sie das auch in Katar. Mit Unterstützung des „Qatar Women's Sport Committee" (QWSC), das unter der Leitung der umtriebigen Ahlam Salem Al-Mana als Unterabteilung des katarischen Olympischen Komitees auch für die Entwicklung des Frauenfußballs die Regie übernahm, ging es los: „Wir sind in die Schulen gefahren, haben dort Kontakt zu den Direktoren und Lehrern aufgenommen und die Mädchen informiert, dass wir ihnen ein Fußballangebot machen", berichtet Staab. Zwei bis dreimal in der Woche wurde Fußball in den Sportunterricht integriert, zudem wurden die talentiertesten 11–12-jährigen Mädchen aus Doha zu nachmittäglichen Trainingseinheiten in die Aspire Academy eingeladen. „Wichtig ist, dass man mit den Mädchen zu arbeiten beginnt, bevor sie in der Pubertät sind", erklärt Staab, die wenige Jahre zuvor bereits ein nahezu gleiches Projekt im benachbarten Bahrain durchgeführt hatte. „Die Mädchen erlernen in diesem frühen Alter die Fußballbasics wie Passen, Ballannahme, die ganze Technik am besten", erläutert Staab. Und, gerade in arabischen Ländern eminent wichtig: „In diesen jungen Jahren erlauben die Eltern das auch noch am ehesten, dass ihre Mädchen zum Fußball gehen", sagt Staab.

Auch in Katar stellte die Hessin fest: „Es waren viele talentierte Mädchen darunter. Obwohl sie vorher teilweise noch nicht einmal Sportunterricht in der Schule hatten, konnten wir aus unserem Talentepool schnell komplette Nachwuchsmannschaften aufbauen, die rasch wettbewerbsfähig wurden." Staab bildete eine Frauen-Nationalmannschaft, dazu eine U14- und eine U16-Mädchenmannschaft, die allesamt fortan Freundschafts- und Turnierspiele unter dem Dach des Asiatischen Fußballverbandes (AFC) bestritten. Erstmals wurde Katars Frauen-Nationalmannschaft in der FIFA-Weltrangliste geführt, ähnlich ging es den Mädchenmannschaften. „Die Entwicklung in der kurzen Zeit war enorm", sagt Staab, die nur ein Jahr benötigte, um diese Schritte zu erreichen. Wenige Monate später aber war sie wieder

Monika Staab wurde 2014 auch für ihre Aufbauarbeit in Katar als Deutsche Fußball-Botschafterin ausgezeichnet.

weg aus Katar. „Nein, so unüblich war das für mich eigentlich nicht. Ich hatte meine Aufgabe sozusagen erfüllt. Die Strukturen standen", sagt sie.

Was Staab aber auch registrieren musste: Nach ihrem Weggang aus Katar ging die Entwicklung nicht weiter. Im Gegenteil: Es gab Rückschritte. „Nachdem ich weg war, bestritten weder die Frauenmannschaft noch die Nachwuchsteams auch nur noch ein einziges Spiel. Und das tut mir ganz persönlich sehr weh", stellt sie fest. „Die ganze Entwicklung des Frauenfußballs dort ist wieder eingeschlafen", berichtet sie, die Katar im Juni 2014 wieder verlassen hatte.

Die Gründe für den Stillstand in der Entwicklung kann auch Staab nur erahnen. „Es könnte daran liegen, dass die Kräfte im Women's Sport Committee erlahmten. Aber vielleicht war das Interesse am Frauenfußball auch gar nicht so ernsthaft, sondern nur Teil der Bewerbungskampagne", sagt sie. Grundsätzlich sei es auch schon nicht gut gewesen, dass der Frauenfußball nicht unter dem Dach des katarischen Fußballverbandes, sondern dem des Olympischen Komitees verortet worden sei. „Das ist immer auch schon ein Zeichen, dass die Fußballer im Land nicht so wirklich dran interessiert sind", glaubt sie.

Wie immer diese Entwicklung auch weitergeht, Monika Staab glaubt grundsätzlich an das Potenzial im Land: „Ich bin noch mit vielen Frauen aus dem Land in Kontakt. Das Interesse ist nach wie vor sehr groß. Es müsste nur wieder jemanden geben, der die Sache konkret in die Hand nimmt und vorantreibt. Dann ist schnell wieder Vieles möglich."

# Katar

### und die

# Fußball-

## Weltmeisterschaft

*Viel wurde und wird im Vorfeld der WM 2022 über Katar gesprochen – bisher recht wenig mit Katar. Im Interview erläutert Fatma Al Nuaimi, Kommunikationsdirektorin des örtlichen katarischen Organisationskomitees die Herausforderungen, Erwartungen und Hoffnungen des örtlichen WM-Veranstalters.*

## „Wir glauben, dass diese WM ein Moment der Einheit und Integrität wird" – Interview mit Fatma Al Nuaimi, Direktorin für Kommunikation beim Supreme Committee

*Fatma Ali Al Nuaimi ist die geschäftsführende Direktorin für Kommunikation beim Supreme Committee for Delivery & Legacy (SC), der Organisation, die mit der Bereitstellung der Infrastruktur und dem Turnierbetrieb für die FIFA Fußball-Weltmeisterschaft Katar 2022™ beauftragt ist. Al Nuaimi leitet die Abteilung seit Januar 2017, nachdem sie 2013 zu der Organisation gestoßen war. Zuvor hatte Al Nuaimi den Titel Senior Legacy Manager beim SC inne.*

Im November wird die Welt auf Katar schauen, wenn die Fußball-WM angepfiffen wird. Welche Gefühle löst dies beim Organisationskomitee aus?

Fatma Al Nuaimi: Wir freuen uns, sagen zu können, dass Katar acht Monate vor der WM bereit ist, die erste FIFA Fußball-Weltmeisterschaft™ im Nahen Osten und in der arabischen Welt auszurichten. Alle Stadien sind fertiggestellt, die Sportinfrastruktur ist bereit, und wir sind gerade dabei, die Abläufe zu optimieren.

Wir freuen uns auch auf ein unvergessliches Fan-Erlebnis. Dies wird eine einmalige Gelegenheit für 1,2 Millionen Fans sein, die katarische und arabische Gastfreundschaft, Kultur und Traditionen zu entdecken. Wir sind endlich bereit, die Welt willkommen zu heißen.

Wir glauben auch, dass diese Weltmeisterschaft aus vielen Gründen ein Moment der Einheit und Integrität sein wird. Es wird eine Gelegenheit für alle Fans sein, zusammenzukommen und gemeinsam zu feiern. Alle werden von dem einzigartigen Konzept des Gastgebers profitieren, denn die größte Entfernung zwischen den beiden Stadien beträgt nur 75 Kilometer, also etwas mehr als eine Autostunde. Mannschaften, Fans, Freiwillige und Offizielle werden so nah beieinander sein wie nie zuvor, und dies wird ein Wettbewerb sein, der alle zusammenführt.

**Welche Aufgaben waren und sind nach der WM-Vergabe 2010 für das Organisationskomitee am schwierigsten zu bewältigen?**
Al Nuaimi: Zur Weltmeisterschaft war es ein langer Weg – und auf dem hat Katar viele Herausforderungen erfolgreich gemeistert. Zuletzt war Katar wie der Rest der Welt von der globalen Pandemie betroffen. Wir haben robuste Gesundheitsprotokolle eingeführt, um die Sicherheit derjenigen zu gewährleisten, die an der Ausrichtung der WM-Stadien und der Sportinfrastruktur beteiligt sind.

Dank der Koordination mit dem Gesundheitsministerium und der Regierung von Katar konnten wir die Vorbereitungen in Rekordtempo umsetzen und gleichzeitig die Gesundheits- und Sicherheitsstandards an unseren Standorten gewährleisten.

Wir hatten auch eine große Testveranstaltung – den FIFA Arab Cup™ Ende 2021. Dieser war ein großer Erfolg, da wir Hunderttausende von lokalen und internationalen Fans begrüßen konnten. Sie genossen die Festivalatmosphäre in vollen Stadien und auf den Straßen von Doha.

Während des Arab Cups wurden sechs der acht WM-Stadien genutzt und mehr als 600.000 Eintrittskarten verkauft. Das Viertelfinal-Spiel Katar gegen die Vereinigten Arabischen Emirate war mit über 63.000 Zuschauern das besucherstärkste Sportereignis in der Geschichte Katars, und 2,5 Millionen Fahrgäste nutzten während des Turniers die Metro von Doha. Wir sind sehr zufrieden damit, wie der FIFA Arab Cup™ für die Fans verlaufen ist, aber er war auch eine wichtige Lernerfahrung im Hinblick auf die Ausrichtung der Hauptveranstaltung Ende dieses Jahres.

### Wie viel Geld hat Katar insgesamt in den Ausbau der Infrastruktur für die WM investiert?

Al Nuaimi: Für die Infrastruktur der FIFA Fußball-Weltmeisterschaft 2022™ in Katar – Stadien, Trainingsplätze, Mannschaftsquartiere, Fanerlebnisse und Dienstleistungen usw. – arbeiten wir mit einem Budget von rund 6,5 Mrd. US-Dollar, was mit dem der letzten Weltmeisterschaften und Olympischen Spielen vergleichbar ist.

Die Durchführung des Turniers ist Teil einer viel umfassenderen nationalen Entwicklungsstrategie, unserer Qatar National *Vision 2030*. Sie treibt eine umfassende Stadtentwicklung voran und sorgt für einen raschen Ausbau der Infrastruktur und der Industrie in Katar sowie des Bildungs- und Gesundheitswesens.

Viele der großen Infrastrukturprojekte, die 2022 von den Mannschaften und den Fans genutzt werden, wie die neuen Straßen, die U-Bahn und der Flughafen, die Hotels und Attraktionen, waren bereits in Planung, bevor wir 2010 den Zuschlag für die Ausrichtung des Turniers erhielten.

Die FIFA Fußball-Weltmeisterschaft™ hat das ganze Land in den Mittelpunkt gerückt und die Umsetzung dieser Projekte beschleunigt, damit das Land für die mehr als 1,2 Millionen Fans, die 2022 erwartet werden, gerüstet ist.

Wir sind zuversichtlich, dass jeder, der Katar im Jahr 2022 besucht, von dem, was er sieht, begeistert sein wird, und dass die neue Infrastruktur ein fantastisches Erlebnis für Mannschaft und Fans und ein bleibendes Vermächtnis für das Land nach 2022 gewährleisten wird.

Welche organisatorischen Dinge waren am angenehmsten
zu tun?

Al Nuaimi: Wir haben immer daran geglaubt, dass die Weltmeisterschaft ein bedeutendes soziales Vermächtnis hinterlassen
kann – insbesondere im Hinblick auf die Rechte der Arbeitneh-
mer. Das *Workers' Welfare-Projekt* gewährleistet höchste Standards für alle, die auf den Baustellen von Katar 2022 arbeiten.
Die SC-Standards umfassen Gesundheit und Sicherheit, Unter-
kunft, Bildung, psychische Gesundheit und Wohlbefinden aller
Arbeiter. Die Arbeitsreformen, die von internationalen Nichtre-
gierungsorganisationen wie der ILO aufmerksam verfolgt wurden, werden für die gesamte Region neue Maßstäbe setzen.

Wir haben das Programm *Generation Amazing* gegründet,
das 2010 gestartet und bis heute fortgesetzt wurde. Es hilft
Menschen aus der ganzen Welt, indem es die Kraft des Fußballs nutzt, um positive soziale Veränderungen herbeizuführen.
Dazu gehören Sporttraining und -ausbildung, Führungskräf-
teentwicklung und der Bau von Fußballplätzen in verschiedenen Ländern der Welt: Pakistan, Nepal, Indien, Palästina, Jordanien und viele andere.

Etwa 725.000 Kinder haben bereits von diesem Programm
profitiert. Bis Ende 2022 planen wir, diese Zahl auf 1 Million
Kinder zu erhöhen.

Darüber hinaus haben wir die *Challenge 22* ins Leben gerufen. Dabei handelt es sich um einen Beschleuniger für Start-ups
aus der ganzen Region. Neugründungen werden von Experten
bewertet, betreut und finanziert – mehr als 1,8 Millionen Dollar wurden bereits investiert. Wir haben auch eine eigene Universität – Josoor – gegründet, um Sportmanager für künftige
Sportereignisse in Katar auszubilden. Mehr als 4.300 Absolventen haben die Kurse bereits abgeschlossen, einige von ihnen werden Erfahrungen bei der Ausrichtung der Fußball-Weltmeisterschaft sammeln.

Was die Infrastruktur betrifft, so haben wir die Erfahrungen anderer Länder bei der Ausrichtung sportlicher Großereignisse studiert und diese bei der Planung von Katar 2022 berücksichtigt.

Wir wollten sicherstellen, dass wir nach den Turnieren keine „weißen Elefanten" hinterlassen, leere Stadien ohne Nachnutzungskonzepte. Daher verfügen alle unsere Stadien über solide Pläne für die Zeit nach 2022. Die meisten Stadien werden nach dem Turnier erheblich umgestaltet und in soziale und kommerzielle Einrichtungen wie Schulen, Krankenhäuser, Einkaufszentren, Moscheen, Hotels usw. umgewandelt – je nach den Bedürfnissen der örtlichen Gemeinden. Die Bänke und Sitzplätze in den Stadien werden für die Entwicklung der Sportinfrastruktur in Katar oder in anderen Ländern gespendet.

Das Stadion 974 wird zum Beispiel das erste Stadion in der Geschichte der FIFA-Weltmeisterschaften sein, das nach dem Turnier vollständig abgebaut wird. Die Arena wurde aus 974 Schiffscontainern gebaut – ein großartiges Beispiel für unser Engagement, innovative Lösungen in Bezug auf Nachhaltigkeit zu entwickeln.

Wer waren und sind die größten Helfer und Unterstützer weltweit bei den Vorbereitungen zur Fußball-Weltmeisterschaft?
Al Nuaimi: Bei der Organisation einer Veranstaltung wie der Weltmeisterschaft gibt es einfach so viele Menschen und Organisationen, deren Hilfe und Unterstützung von unschätzbarem Wert ist. Ohne unsere Teams hier in Doha hätten wir nichts erreichen können. Sie haben unermüdlich gearbeitet und arbeiten immer noch, um sicherzustellen, dass die Veranstaltung ein Erfolg wird, und sie verdienen Anerkennung für ihre Bemühungen.

Wir haben uns mit großartigen Organisationen zusammengetan und hatten die Gelegenheit, mit engagierten Menschen aus aller Welt zu arbeiten. *Street Football World* aus Deutschland war ein großartiger Partner, der genauso wie wir an die transformative Kraft des Fußballs glaubt.

Auch das *Rote Kreuz und Rothalbmond-Gesellschaften* (IFRC) waren eine unschätzbare Hilfe bei der Gestaltung und Unterstützung unserer sozialen Initiative *Generation Amazing*, ebenso wie die FIFA. Sie haben nicht nur ihr Wissen mit uns geteilt, sondern auch unser Ziel unterstützt, den Fußball als eine Kraft für das Gute zu nutzen.

Das Gleiche gilt für alle Fans, die uns vom ersten Tag an unterstützt haben, sowie für die weltweiten Fußballvereine und Fanorganisationen, mit denen wir zusammengearbeitet haben. Das *Qatar Fan Leaders Network*, das wir 2021 ins Leben gerufen haben, um mit den Fans in Kontakt zu treten, war eine äußerst motivierende Kraft. Dank dieses Netzwerks konnten wir in Dialog mit den Fans treten, ihre Wünsche hören und ihr Feedback bei der Ausrichtung der WM berücksichtigen. Es war eine sehr bereichernde Erfahrung, die Unterstützung der Fans zu spüren und zu wissen, dass wir etwas Einzigartiges für sie schaffen.

Welches sind die bahnbrechendsten technischen Innovationen und Errungenschaften, die bei der Fußball-Weltmeisterschaft zum Einsatz kommen?

Al Nuaimi: Die FIFA Fußball-Weltmeisterschaft 2022™ ist ein Motor für Innovation: die digitale Bereitstellung verschiedenster Dienstleistungen, ein neues, vernetztes öffentliches Transportwesen und auch das moderne Design der Stadien. Erwähnenswert sind ganz besonders auch die Kühlsysteme in den Stadien. Sie stellen sicher, dass die Stadien nach der Weltmeisterschaft das ganze Jahr über genutzt werden können.

Dr. Saud Abdul-Ghani vom University College of Engineering in Katar hat an einer einzigartigen, bahnbrechenden Kühltechnologie gearbeitet, die auch den höchsten Nachhaltigkeitsstandards entspricht. Sie wird speziell für jeden Veranstaltungsort auf der Grundlage der Aerodynamik, des Standorts und des Designs des Stadions entwickelt, wobei die Hauptidee darin besteht, dass der Luftstrom an den Veranstaltungsorten zu einer Blase wird, in der kalte Luft eingeschlossen wird. Ein Luftzirkulationssystem kühlt dann die kalte Luft ständig ab und führt sie wieder zu. Bei dieser fortschrittlichen Technologie müssen die Stadien nur zwei Stunden vor einer Veranstaltung und während der Veranstaltung selbst kurz gekühlt werden.

Das Wichtigste ist, dass wir diese Technologie nicht patentiert haben, was bedeutet, dass jede Nation diese Technologie nutzen kann. Für uns ist es eine Ehre zu wissen, dass eine katarische Technologie eingesetzt wird, um eine nachhaltigere Zukunft zu schaffen. Dies wird auch eines der Vermächtnisse der Fußball-Weltmeisterschaft 2022 sein.

Katar ist ein Land, das sehr stolz auf seine kulturellen Traditionen ist. Welches sind die wichtigsten und wahrscheinlich die beeindruckendsten, auf die sich die Besucher der WM freuen können?

Al Nuaimi: Für viele Menschen wird die WM eine einmalige Gelegenheit sein, die Region zu sehen und die lokale Kultur, Geschichte, Traditionen und die Menschen zu erleben. Die einzigartige arabische Atmosphäre wird während der Weltmeisterschaft überall zu spüren sein – in den Restaurants, in den Souks, an den Stränden und natürlich bei den vielen Aktivitäten, die man in der Wüste unternehmen kann. Für uns ist es auch eine Gelegenheit, Brücken zu bauen, Missverständnisse auszuräumen und unsere Gastfreundschaft weiterzugeben.

Wie schwierig ist es, den auf dem wahhabitischen Islam basierenden Lebensstil mit den Anforderungen einer Weltmeisterschaft in Einklang zu bringen? Schlüsselwort: Alkohol. Schlüsselwort: Kleiderordnung.

Al Nuaimi: Katar ist ein konservativer Staat, aber wie bisher alle Besucher feststellen konnten, ist die Kleiderordnung für sie recht locker. Unser Land ist eines der vielfältigsten Länder der Welt, in dem Menschen aus über 90 verschiedenen Nationen zusammenleben und arbeiten. Es ist genauso wahrscheinlich, dass Sie jemanden in einem Sari sehen wie in einem Fußballtrikot oder mit Kopftuch.

Während die Einheimischen Thobes und Abayas tragen, steht es Expats und Touristen frei, sich so zu kleiden, wie sie es für richtig halten, solange sie die Kultur respektieren. Das Bedecken von Schultern und Knien ist jedoch beim Besuch kultureller Stätten wie Moscheen, traditionellen Souqs und Museen sowie in Regierungsgebäuden üblich. Im Rest des Landes, auch an den vielen schönen Stränden Katars, können die Besucher tragen, was sie wollen.

Alkohol ist in Katar heute in einer Vielzahl von Hotelbars und Restaurants im ganzen Land erhältlich und wird auch während der FIFA Fußball-Weltmeisterschaft 2022™ ausgeschenkt werden.

Jeder, der während des Turniers in Katar einen Drink zu sich nehmen möchte, kann dies tun. Das Trinken in der Öffentlichkeit und auf der Straße wird jedoch nicht erlaubt sein, und wir bitten alle, die nach Katar reisen, die örtlichen Sitten und Gebräuche zu respektieren. Wir arbeiten weiterhin eng mit der FIFA und den Akteuren des Gastgeberlandes zusammen, um sicherzustellen, dass wir eine breite Palette von Optionen anbieten, die den Wünschen und Erwartungen aller einheimischen und ausländischen Fans gerecht wird.

Wie viele Public-Viewing-Bereiche wird es in Doha geben?
Und wo genau befinden sie sich?

Al Nuaimi: Wie bereits erwähnt, wollen wir allen Fans ein unvergessliches Erlebnis bieten – sowohl denjenigen, die die Spiele in den Stadien verfolgen möchten, als auch jenen, die die Spiele lieber in den verschiedenen Fan-Zonen und bei den FIFA Fan-Festen rund um Doha sehen wollen. Es wird ein speziell erarbeitetes Unterhaltungs- und Kulturprogramm geben sowie die Möglichkeit, Spiele live zu verfolgen. Die Standorte und alle spannenden Details zu unseren Fan-Locations werden wir in den kommenden Monaten gemeinsam mit unseren Partnern bei der FIFA bekannt geben.

Können Sie schon etwas über das touristische Programm sagen, das während der WM für Fans angeboten wird, die Land und Leute kennenlernen wollen?

Al Nuaimi: Diejenigen, die zur WM kommen, sind Fußball- und Sportfans, die in erster Linie kommen, um das Turnier zu genießen. Außerhalb der Fußball- und Fanzonen bietet Katar ein reiches kulturelles Erbe, das es zu entdecken gilt, und für jede Art von Besucher etwas bietet. Die Fans können Katars weltberühmte Museen und traditionelle Souks besichtigen, traditionelles Streetfood genießen, eines der vielen modernen Restaurants besuchen sowie an Katars Stränden und Wüsten die Landschaft entdecken.

Für viele ist es die erste Begegnung mit unserer Kultur und eine Gelegenheit, unsere Gastfreundschaft, unsere Traditionen, unseren Humor und unsere Leidenschaft für den Fußball zu erleben. Das Turnier findet im November und Dezember statt, wenn die Durchschnittstemperaturen zwischen 15 und 24 °C liegen, sodass die Fans ein möglichst angenehmes Erlebnis haben werden. Am Rande der FIFA Klub-Weltmeisterschaft™ wurden zahlreiche Musikfestivals und andere Veranstaltungen organisiert, die die Fans genießen konnten.

Wird es genügend Unterkünfte für alle potenziellen Besucher der Weltmeisterschaft geben? Welche alternativen Unterkunftsmöglichkeiten wird es neben den klassischen Hotelzimmern geben?

Al Nuaimi: Wir setzen eine Reihe von Konzepten um, um eine Vielzahl von Unterkunftsmöglichkeiten zu gewährleisten. Ob ein Zwei- oder Fünf-Sterne-Hotel, ein Zimmer auf einem Kreuzfahrtschiff oder ein Beduinenzelt unter dem Sternenhimmel – den Fans werden einige einzigartige Möglichkeiten geboten.

Unser Unterkunftsprogramm wird im Laufe des Turniers bis zu 130.000 Zimmer bereitstellen. Nach mehr als einem Jahrzehnt der Planung dieses Turniers und zahlreichen Beobachtungsprogrammen in anderen Sportnationen bei der Durchführung von Mega-Events wissen wir, dass dies ein komfortables Angebot für Fans, Mannschaften und Sponsoren ist, die zur FIFA Fußball-Weltmeisterschaft Katar 2022™ reisen.

Hinzu kommen Angebote aus dem Privatsektor in Katar. Viele Anwohner möchten ihre Häuser und Wohnungen außerhalb des Unterkunftsprogramms des Gastgeberlandes vermieten, beispielsweise über Ferienhausplattformen.

Wir gehen auch davon aus, dass die Fans während des Turniers bei Freunden oder Verwandten übernachten werden. Außerdem können Tagesausflügler die strategische Lage Katars nutzen und am selben Tag aus den Nachbarländern an- und abreisen.

Auch wenn wir diese alternativen Möglichkeiten für die Fans sehr begrüßen, sind unsere Unterbringungsmöglichkeiten so konzipiert, dass sie die Nachfrage aller Fans mit Eintrittskarten, die ein Zimmer buchen möchten, decken. Wir freuen uns darauf, die Welt in knapp acht Monaten willkommen zu heißen.

Wird auch ein konservativer WM-Besucher, der ohne Mobiltelefon durchs Leben geht, in der Lage sein, WM-Spiele zu
besuchen?

Al Nuaimi: Wir wollen eine Weltmeisterschaft ausrichten, die
für alle einfach zugänglich ist und keine unnötigen Hindernisse
darstellt. Weder für Familien, für Einheimische, für internationale Fußballfans oder andere Menschen mit unterschiedlichen
Lebensentwürfen.

Ein Mobiltelefon wird jedoch erforderlich sein, um die notwendige nationale COVID-19-Tracing-App zu nutzen, so wie
dies auch in vielen Ländern auf der ganzen Welt bereits prak-
tiziert wird.

# Spektakulär, gigantisch und rückbaubar – die WM-Stadien

## Ahmad Bin Ali Stadium

Die 2020 eröffnete Arena in Katars zweitgrößter Stadt Al Rayyan ist Heimat des Al Rayyan Sports Club. 22 Kilometer von Doha entfernt ist die Arena ans Metro-System angeschlossen und von der Al-Riffa-Station per Fuß erreichbar. Entstanden ist sie auf dem Gelände des alten – erst 2003 erbauten – Stadions, das komplett abgerissen wurde.

Das Eröffnungsspektakel fand im Dezember 2020 statt: Beim Finale des Emir-Cups konnte sich der Al-Saad Sports Club unter der Leitung des Cheftrainers Xavi Hernández mit 2:1 gegen Al Arabi durchsetzen. Vor Anpfiff wurde das Stadion mit einer Zeremonie mit musikalischen und kulturellen Darbie-

tungen eröffnet. Mit rund 20.000 Zuschauern war das Stadion zur Hälfte ausgelastet.

Laut Angaben der Organisatoren sind mehr als 90 Prozent des verwendeten Baumaterials aus recycelten Materialien hergestellt worden. Wie bei fast allen anderen Stadion-Neubauten des Landes ist auch das Ahmad Bin Ali Stadium eingebettet in einen riesigen Neubau-Komplex, der multifunktional genutzt werden soll. Es liegt in einem Park, der neben weiteren Sportmöglichkeiten wie Cricket- und Tennis-Plätzen, einem Schwimmbecken und weiteren Fußballfeldern auch einen Kinderspielplatz, einen Skatepark und eine Laufstrecke erhalten soll.

## Al Bayt Stadium

Als am 30. November 2021 das Eröffnungsspiel des Arab Cups zwischen Gastgeber Katar und Bahrain im Al Bayt Stadium angepfiffen wurde, waren die rund 60.000 Zuschauer in der Arena durchweg euphorisch. Ihr Team gewann nicht nur mit 1:0 gegen den Nachbarn – Katar hatte gleichzeitig auch eine imposante Eröffnungsfeier in einem imposanten Stadion erlebt. Denn das ist das Al Bayt zweifellos. Wie eine Oase liegt es da inmitten der Wüste vor dem Ort Al Khor – rund 50 Kilometer nördlich von Doha.

Das Äußere ist beeindruckend: Das zeltartige Design erinnert an ein klassisches Beduinen-Lager, das am Abend mit geschickt platzierten Lampen regelrecht geheimnisvoll ausgeleuchtet wird. Architekten der Arena war das deutsche Büro Albert Speer + Partner, das schon bei der WM in Südafrika 2010 die Bewerbungsunterlagen mit Leben gefüllt hatte. Das Unternehmen hat sich von einem reinen Architekturbüro schon längst weiterentwickelt – ganze Konzepte für Großevents sind die Spezialität des in Frankfurt und Shanghai beheimateten Unternehmens.

Geld spielt keine Rolle – bei dieser Arena werden Katars Möglichkeiten deutlich wie kaum irgendwo anders. Das Stadion, dessen Schiebedach innerhalb von 20 Minuten verschlossen werden kann, liegt inmitten eines Komplexes von der Größe von rund 20 Fußballfeldern. Vorgesehen ist die Entstehung einer Multi-Sport-Anlage mit Laufstrecken für Jogger, Radkurs für Pedaleure und einem Rennoval für Kamelrennen. Ein Einkaufszentrum und eine Mehrzweckhalle runden das Konzept ab.

Das Herz der Anlage bleibt aber die Fußballarena, deren Fassungsvermögen von 60.000 nach der WM auf 32.000 zurückgebaut wird. Der obere Rang wird abgebaut und in Entwicklungsländer verschifft.

Ob Al Khor eine derartige Anlage dann tatsächlich mit Leben füllen kann, bleibt sehr fraglich. Der Wüstenort ist ein eher verschlafenes Nest mit 200.000 Einwohnern. Der örtliche Fußballklub SC Al Khor spielt zwar in Katars erster Liga, tat dies in der Vergangenheit bei Heimspielen aber vor kaum mehr als 150 Zuschauern durchschnittlich. Al Khor ist auch einer der heißesten Orte des Landes. Im Sommer werden regelmäßig 42 Grad Tagestemperatur erreicht.

121

Das Al Bayt ist eines der wichtigsten Stadien der WM. Hier werden Eröffnungsfeier und Eröffnungsspiel des Turniers stattfinden.

## Al Janoub Stadium

Das komplett verschließbare Al Janoub Stadium ist eines der Stadion-Vorzeigeprojekte der WM 2022. Gelegen im Niemandsland – fünf Kilometer vor der Küstenstadt Al Wakrah – wurde die Arena zum größten Teil von einheimischen Planern entworfen und die Baumaterialien stammen ebenfalls überwiegend von katarischen Firmen. Der Rasen des Spielfelds wurde auf einer Grasfarm in der Nachbarschaft gezüchtet und im März 2019 innerhalb eines Tages im Stadion verlegt.

Al Wakrah ist ein Küstenort, der einst als Bauort von Dhaus, den typischen arabischen Fischerbooten, bekannt war. Entsprechend wurde das Stadion-Design an die Form dieser Boote angelegt. Die Arena, die zur WM 40.000 Fans beherbergen kann, wird nach den Spielen auf eine Kapazität von 20.000 zurückgebaut. Die nicht mehr benötigten Tribünenteile sollen verschifft werden in Länder, die das Material für eigene Stadionbauten gebrauchen können.

Am Rande Al Wakrahs bleibt eine Arena bestehen, die dann inmitten eines eleganten Sportparks mit Lauf- und Radstrecke liegen soll. Angedacht ist sogar ein ganzer Komplex mit Moschee und Schule.

Extrem ausgeklügelt ist die Klimaanlage des Stadions, die sowohl für Sportler wie auch für Zuschauer selbst im Sommer erträgliche Temperaturen generieren soll. Während die Kühldüsen in Höhe des Spielfelds eine Durchschnittstemperatur von etwa 20 Grad für die Spieler erzeugen können und für eine Windgeschwindigkeit von maximal einem halben Meter pro Sekunde sorgen, weht auf Höhe der Ränge ein stärkerer Wind: bis zu einem Meter pro Sekunde. Verantwortlich dafür sind über 100 Kühldü-

sen, deren Wind aus einem Kühlwasser-System gespeist wird. Zudem sind die Außenhaut des Stadions und die Form des Daches so gestaltet, dass der warme Wind von außen abgeleitet und eine gekühlte „Bubble" so lange wie möglich bestehen bleibt. Das Dach der Arena kann innerhalb von 30 Minuten über Stahlschienen gezogen und somit geschlossen werden.

## Al Thumama Stadium

Bei der Autofahrt vom Hamad Flughafen in Richtung Innenstadt kommt man vorbei am majestätisch daliegenden Al Thumama Stadium, das zwölf Kilometer vor dem Zentrum von Doha liegt. Designt nach dem Vorbild einer Ghafiya, einer klassischen – meist gehäkelten – Kopfbedeckung im Nahen Osten für Jungs und Männer liegt es da zwischen Autobahnen und Schnellstraßen in Richtung Town.

Das Al Thumama war gar kein Bestandteil der katarischen WM-Bewerbung, man entschloss sich erst später, an diesem attraktiv in Innenstadtnähe gelegenen Ort ein WM-

Stadion zu bauen. Ursprünglich wollte man hier einmal ein 11.000 Zuschauer fassendes unterirdisches Stadion bauen, nahm nach den Ausschachtungsarbeiten und der erteilten WM-Zusage aber wieder Abstand von der Idee.

Im Januar 2020 war die Ornament-Fassade mit fast 25.000 Quadratmetern Fläche fertiggestellt. Das Dach besteht aus einer 35.000 Quadratmeter großen Membran, die über eine Seilnetzkonstruktion über das Stadion gespannt ist. Das katarisch-türkische Joint Venture aus den Bauunternehmen Al Jaber Engineering und Tekfen Construction plante und baute die Arena. Ende November 2020 war die Installation der Kabel, Dachverkleidungen und der 680 Träger, die die Strahler für die Flutlichtanlage tragen, abgeschlossen. Zur Kühlung wurde ein System aus 54 Lüftungsanlagen verbaut. Betrieben wird es hauptsächlich mit erneuerbaren Energien.

Am 22. Oktober 2021 wurde das Stadion in Anwesenheit von Staatsoberhaupt Tamim bin Hamad Al Thani und FIFA-Präsident Gianni Infantino mit dem Endspiel des Emir of Qatar Cup 2021 zwischen dem al-Sadd Sport Club und dem al-Rayyan SC eröffnet. Im Elfmeterschießen siegte al-Sadd mit 5:4.

Beinahe noch beeindruckender als das 40.000 Zuschauer fassende Stadion ist das Areal drum herum. Hell erleuchtet bei Tag und Nacht werden ein halbes Dutzend feinster Rasen-Spielfelder gedüngt und gewässert – wer hier nicht Lust auf Fußball bekommt, dem ist nicht zu helfen. Wofür das alles später mal gut sein soll? Das müssen die Kataris selbst wissen. Das Konzept sieht jedenfalls vor, dass rund ums Stadion ein Multi-Sportkomplex bestehen bleibt, der für alle denkbaren Sportarten nutzbar sein soll. Neben allen Ballsportarten soll das Gelände auch Jogger anlocken, die eine Laufstrecke vorfinden sollen. Für Pedaleure wird eine beleuchtete Radstrecke gebaut. Ein Schwimmbecken ist ebenfalls geplant.

Die Arena selbst wird nach der WM teilweise zurückgebaut, der obere Rang verschwindet, sodass später 20.000 Zuschauerplätze erhalten bleiben. Im Oberrang soll ein Hotel einziehen, nebenan eine Sportklinik. Der 50.000 Quadratmeter grüne Park soll mit recyceltem Abwasser bewässert werden.

## Education City Stadium

13 Kilometer außerhalb von Doha ist 2020 das brandneue Education City Stadium im gleichnamigen Studentenviertel entstanden. Die Arena fasst 40.000 Zuschauer, soll nach der

WM aber auf eine Kapazität von 20.000 zurückgebaut werden. Dafür wurde der obere Rang transportabel gestaltet – nach der WM soll er in ein Entwicklungsland verschickt werden, wo er wiederverwendet werden kann.

Der Clou der Arena ist die Außenfassade, die aus Dreiecken gestaltet ist, die in Diamantenform angeordnet sind und bei unterschiedlichem Sonneneinfall unterschiedliche Farben abstrahlen. Die Bewegung der Sonne im Laufe des Tages wird das Erscheinungsbild des Stadions beleben und verändern und eine Illusion ständiger Bewegung erzeugen, während nachts sein inneres Leuchten durch die Fassade ausstrahlt. Intern wird das Stadion daher „Juwel der Wüste" genannt.

Die Education City am Stadtrand von Doha ist eine Initiative der privaten Qatar Foundation und umfasst auf 14 Quadratkilometern Bildungseinrichtungen von der Schule bis zur Forschung und Zweigstellen einiger der weltweit bedeutendsten Universitäten. Das City Stadium soll nach der WM Heimstätte der katarischen Frauen-Nationalmannschaft werden.

Mindestens 55 Prozent der für das Projekt verwendeten Materialien stammen laut Architektenbüro aus nachhaltigen Quellen und 28 Prozent der Baumaterialien sollen recycelte Inhaltsstoffe haben.

## Khalifa International Stadium

Schon 1976 erblickte das Khalifa International Stadium das Licht der Welt – es ist damit sozusagen der „Methusalem" unter den acht WM-Stadien von Katar. Das KIS erlebte bereits 2006 die Asian Games, den AFC Gulf Cup, die Fußball-Asienmeisterschaft 2011 sowie 2019 die Leichtathletik-WM.

Die vollständig renovierte Arena erhielt einen neuen 12.000 Zuschauer fassenden Rang und kann nun 40.000 Fans aufnehmen. Auch die Fassade wurde komplett neu gestaltet.

Die Arena, die auch als katarisches Nationalstadion gilt, liegt inmitten der fabulösen 250 Hektar großen Aspire Zone mit

ihren Stadien, Hallen und einem riesigen Freizeitpark mit zahlreichen Outdoor-Sportmöglichkeiten. Verkehrstechnisch ist sie gut erreichbar. Sie liegt elf Kilometer außerhalb Dohas und ist angebunden an ein Schnellstraßen-Netz sowie die Doha Metro. Die Arena liegt nur einen Steinwurf entfernt vom altehrwürdigen Torch Doha Hotel und der riesigen Villagio-Einkaufsmall, in der es sogar eine Eishalle und venezianische Gondeln auf einem künstlich angelegten Kanal gibt.

Mit einer Klimaanlage kann die Luft im Stadion auf 24 bis 28 Grad Celsius heruntergekühlt werden. Im Dezember 2019 wurden bei der Klub WM 2019 vier Gruppenspiele sowie das Finale zwischen dem FC Liverpool und Flamengo Rio de Janeiro im Khalifa International Stadium ausgetragen.

## Lusail Stadium

20 Kilometer außerhalb Dohas liegt die größte WM-Arena, das Lusail Stadium. Im 80.000 Zuschauer fassenden Stadion wird das WM-Endspiel stattfinden, für das bereits Anfang Februar

2022 1,8 Millionen Ticketanfragen bei der FIFA eingegangen waren.

Die Arena, die in dem ebenfalls ganz neu entstehenden Lusail-Stadtteil im Dezember 2021 fertiggestellt wurde, soll nach der WM zwar nicht wieder komplett abgebaut, aber doch deutlich verkleinert werden, was die Zuschaueranzahl betrifft. Der obere Rang ist komplett rückbaubar und soll anderenorts, wo er gebraucht wird, wieder aufgebaut und als Zuschauertribüne genutzt werden.

Im Lusail Stadium hingegen soll zwar weiter Fußball gespielt werden können, gleichzeitig werden in die Arena aber auch Läden, eine medizinische Einrichtung, Wohnungen, Büros und eine Schule einziehen. Insgesamt soll auf dem Stadiongelände ein grüner Park für die 200.000 Bewohner des neuen Stadtteils entstehen.

Das Äußere des Stadions ist angelehnt an das Design einer klassische arabischen „Fanar"-Laterne und bietet auch deren charakteristisches Licht- und Schattenspiel. Die vom britischen Architekturbüro Foster + Partners entworfene Arena (F+P planten auch die neue Wembley-Arena) mit ihrem für arabische

Kunstwerke, Töpfe und Behältnisse charakteristischen schrägen Dach soll in vollbesetztem Zustand bei lauten Fangesängen vor allem akustisch ein Zeichen setzen. Das Dach wurde aus speziellem Kunststoff gestaltet, der angeblich genau so viel Lichteinfall zulässt, wie für das Rasenwachstum auf dem Spielfeld nötig ist.

Die goldene Fassade des Gebäudes weist komplizierte dreieckige Muster auf, die von den alten katarischen Fanar-Lampen inspiriert sind. Erreicht wurde dieser Effekt durch 4.200 dreieckige Aluminiumplatten mit einer Gesamtfläche von 60.000 Quadratmetern. Das Ganze ist durch 4.672 Verbinder mit der Hauptstahlkonstruktion der Arena zusammengefügt.

## Stadium 974

Ein Jahr vor Beginn der WM erlebte das Stadium 974 seine Generalprobe: Beim Spiel des Arab-Cups zwischen den Vereinigten Arabischen Emiraten und Syrien rollte erstmals der Ball in der Arena, die etwas ganz Besonderes ist.

Das Stadion wurde zum Großteil aus standardisierten Schiffscontainern aufgebaut, die sämtlich auch wieder rückbaubar sind. Zudem wurde recycelter Stahl verwendet. Insgesamt konnten mit dem Baukasten-System die Kosten relativ niedrig gehalten werden. Zudem versichern die Veranstalter, dass in der Arena beim Betrieb nur 40 Prozent der Wassermenge benötigt wird, die normalerweise in Stadien verbraucht wird.

Entstanden ist nach den Plänen der spanischen Fenwick Iribarren Architects ein 40.000 Zuschauer fassendes Stadion, das nach der WM komplett zurückgebaut werden soll. Das Dach und die Sitze sollen verschenkt werden. Nach dem Rückbau der Arena und der Reinigung des Geländes wird dort ein Freizeitpark entstehen.

Die Architekten, die einst mit dem Bau von Wolkenkratzern erstmals Aufsehen erregt hatten, haben sich in den letzten Jahren zu Spezialisten in Sachen Stadionbau entwickelt. Das von ihnen entworfene neue Espanyol-Stadion in Barcelona wurde 2013 als bestes Stadion der Primera Division ausgezeichnet. Auch die neue Arena in Valencia und das norwegische Nationalstadion in Oslo gehen auf ihre Pläne zurück.

Das 974, dessen Name auf die Anzahl der verbauten Schiffscontainer zurückgeht und die Telefon-Vorwahl von Katar (+974) repräsentiert, ist zudem das einzige der acht WM-Stadien, in das keine Klimaanlage eingebaut wurde. Die einzelnen Elemente wurden so luftig zusammengesetzt, dass nach Ansicht der Bauherren genügend Luftzirkulation herrscht, die das Stadion ausreichend kühlt.

Verkehrstechnisch liegt die Arena günstig. Sie ist nur vier Kilometer vom Hamad-Flughafen entfernt und liegt in der Nähe des alten Hafens von Doha. Die WM-Fans werden für einen Besuch die Metro benutzen können – die Station Ras Bu Abboud liegt nur 800 Meter vom Stadioneingang entfernt.

# „Dr. Cool" – Mastermind bei Katars Stadion-Kühlung

Als Katar sich für die WM bewarb, trat das Supreme Committee for Delivery and Legacy (SC) 2009 an die Universität Katar heran – man wollte Lösungen finden, um die zu erwartende Sommerhitze während der Spiele in den Griff zu bekommen. Damals war man noch davon ausgegangen, dass die WM in den Sommermonaten stattfinden würde. Also gab es eigentlich nur einen, der hier helfen konnte: „Dr. Cool". Das ist der Spitzname vom im Sudan geborenen Dr. Saud Abdulaziz Abdul Ghani, dem Klimaanlagen-Spezialisten am College for Engineering der Uni Katar.

Ghani hörte sich das Anliegen des SC an und sagte spontan zu. Seit er seine Doktorarbeit über Klimaanlagen bei einem Kleinwagen schrieb, gilt er in der Szene als absoluter Spezialist. Im Hinblick auf die Kühlung der WM-Stadien erklärte er: „Im Prinzip ist es in Stadien dieser Größenordnung die gleiche Technologie, die auch bei Autos benutzt wird – nur in erheblich größerem Maßstab." Als Einstieg entwickelte er gemeinsam mit seinem Team zunächst Bauarbeiter-Helme, die per Solartechnik gekühlt werden – anschließend machte er sich an die Stadiontechnik.

Dabei entwarf er ein System, bei dem Luft immer wieder ins Stadion hineingeblasen und wieder herausgezogen wird. Dafür entwarf er ein System der „punktuellen Kühlung", sprich: Es wird nur genau dort gekühlt, wo sich auch die Menschen befinden. Grundsätzlich fungiert das Stadion dabei als eine „Blase", welche die kalte Luft so lange wie möglich in seinem Inneren bewahrt.

Das Prinzip: Die gekühlte Luft kommt durch Gitter auf den Zuschauerrängen und durch große Düsen auf dem Spielfeld herein. Mit der Luftzirkulationstechnik wird kühle Luft dann zurückgezogen, wieder abgekühlt, gefiltert und herausgedrückt.

„Wir kühlen nicht nur die Luft, wir reinigen sie", erklärt Dr. Saud. „Wir reinigen die Luft für die Zuschauer. Zum Beispiel werden Menschen, die Allergien haben, in unseren Stadien keine Probleme haben. Wir haben die sauberste und reinste Luft, die es gibt."

Die Kühltechnologie von Dr. Saud ist laut SC-Angaben schätzungsweise 40 Prozent nachhaltiger als bestehende Techniken. Die Methode erlaubt, dass Stadien nur zwei Stunden vor einer Veranstaltung gekühlt werden müssen, was den Energieverbrauch des Veranstaltungsortes im Vergleich zu bestehenden Methoden erheblich reduziert.

Darüber hinaus arbeitet die Technologie mit dem Design des Stadions zusammen, wodurch sie effizienter und umweltfreundlicher wird. Dr. Sauds Grundprinzip dabei: Die kühle Luft muss drinnen und die heiße draußen gehalten werden.

„Das Wichtigste, um effektiv zu kühlen, ist, dass man nicht möchte, dass der Außenwind ins Stadion kommt. Deshalb müssen Größe und Design des Stadions untersucht und entsprechend verändert werden, damit warme Luft nicht ins Stadion gelangt", erklärt Dr. Saud.

Für sechs der sieben von Grund auf neu gebauten Stadien konnte „Dr. Cool" maßgeschneiderte Lösungen anbieten. Lediglich das „974" erhielt keine Klimaanlage, weil es so luftig gebaut ist, dass ohnehin ein ständiger Wind durch die Arena weht. Das Khalifa International Stadium wurde lediglich renoviert und benötigte aufgrund der Größe der Arena mit Laufbahn eine eher herkömmliche Kühlung mit insgesamt über 2.000 Luftdüsen auf Spielfeldhöhe, die permanent Frischluft ins Oval blasen. Es war sozusagen die am wenigsten innovativste Lösung.

Für die anderen Arenen mussten maßgeschneiderte Lösungen her, denn jedes Stadion bietet andere Bedingungen. Dr. Sauds

Untersuchungen begannen jeweils mit Modellen der Arenen im Labor, wo ein 3D-Modell des Stadions in einem Windkanal platziert und mit Rauch – der Wind darstellt – getestet wurde, der bei unterschiedlichen Bedingungen herausgedrückt wurde.

Dr. Saud erläutert: „Wir testeten, wie das Modell mit unterschiedlichen Geschwindigkeiten auf Wind reagierte. Dann zoomten wir mit Kameras heran, um zu sehen, wo Luft eindringt und wo sie das Stadion verlässt. Es war eine Möglichkeit zu sehen, wie die Luft mit dem Design des Stadions interagierte."

Die größte Problematik bei der Stadionkühlung befindet sich laut Dr. Saud beim Blick nach oben: „Das Größte, was gegen dich arbeitet, wenn du versuchst, ein Stadion zu kühlen, ist die Öffnung des Stadiondaches. Denn dort dringt externe heiße Luft ein. Deshalb unterscheidet sich die Untersuchung, wo Luft austreten kann und wie wir Luft zurückschieben und zurückziehen können, von Stadion zu Stadion, da dies von seiner Form, Höhe und Breite abhängt", sagt er.

Gegenüber Journalisten erklärte er die Dinge genauer, indem er ein Fußballstadion mit einem Aquarium verglich. Und zwar mit einem Aquarium, auf dessen Wasseroberfläche ein Ölteppich schwimmt: „Heiße Luft ist leichter als kalte Luft. Sie bleibt also immer oben, während der Boden kalte Luft hat. Wir recyceln diese kalte Luft. Obwohl es ein offener Raum ist, verhält es sich wie ein geschlossener Raum. Es ist wie Öl auf Wasser. Du sitzt in diesem Stadion wie ein Fisch im Wasser und kommst niemals mit der heißen Luftschicht, die wie eine Ölschicht ist, in Berührung. Der Maßstab für unseren Erfolg ist, dass wir die Vermischung von Heißluft mit Kaltluft minimieren."

Doch es geht auch um Details: Das Al Bayt Stadium, das ursprünglich mit einer dunkleren Fassade entworfen wurde, verfügt jetzt über eine hellere – eine Änderung, die die Temperatur im Stadion um etwa 5 Grad Celsius senkte, so Dr. Saud.

Darüber hinaus wurden Designs entwickelt, um den maximalen Komfort der Fans während der Spiele zu gewährleisten.

Bereits im Al Janoub Stadium im Einsatz drücken zum Beispiel Untersitzdiffusoren die Luft schräg aus, um sie sanft abzugeben.

Als die Organisatoren und die FIFA sich schließlich doch darauf einigten, die WM im Winter zu veranstalten, wenn in Katar zwischen 20 und 24 Grad herrschen, waren diese Kühlsysteme eigentlich schon wieder überflüssig. Dennoch wurde weiter am Projekt gearbeitet, um ein möglichst starkes Turniervermächtnis zu hinterlassen. „Unsere Stadien können das ganze Jahr über 24/7 genutzt werden, was nach dem Turnier ein Vermächtnis für Katar ist – und keine weißen Elefanten hinterlässt", so „Dr. Cool".

# Die WM 2022 in Zahlen

## 22. Auflage

Katar wird die 22. Auflage der Fußball-Weltmeisterschaft erleben. Und es wird das 18. Gastgeberland nach Uruguay, Italien, Frankreich, Brasilien, Schweiz, Schweden, Chile, England, Mexiko, Deutschland, Argentinien, Spanien, USA, Südkorea, Japan, Südafrika und Russland. Katar wird die zweite WM nach Südkorea und Japan (2002), die in Asien ausgetragen wird.

## 32 Teams

In Katar werden letztmalig 32 Teams antreten, bevor die WM 2026 mit 48 Mannschaften ausgetragen wird.

## 41 Basecamps

In Katar werden den Teams 41 Basecamps zur Verfügung gestellt. Die Teams haben die Möglichkeit, aufgrund der kurzen Wege während des gesamten Turniers in einem Camp wohnen bleiben zu können. Jede Strecke wird mit Bussen zu bestreiten sein, Inlandsflüge sind nicht nötig.

## 28 Tage

Das Turnier wird insgesamt 28 Tage dauern. Start ist am Montag, 21. November 2022 mit dem Eröffnungsspiel im Al Bayt Stadium, das Finale findet am Sonntag, 18. Dezember im Lusail Stadium statt. Der 18. Dezember ist zulgeich Nationalfeiertag in Katar.

## 8 Stadien

Das Turnier wird in acht Stadien ausgetragen: Khalifa International, Al Janoub, Education City, Ahmad Bin Ali, Al Thumama, Al Bayt, 974 und Lusail.

## 4 Spiele am Tag

Erstmals in der Geschichte der WM werden bis zu vier Spiele an einem Tag ausgetragen. Aufgrund der kurzen Distanzen zwischen den Stadien wird es Fans möglich sein, mehr als ein Spiel pro Tag live sehen zu können.

## 75 Kilometer

Das ist die größte Distanz zwischen den Spielstätten. Das Al Bayt Stadium und das Al Janoub Stadium liegen so weit auseinander. Nur fünf Kilometer liegen Distanz zwischen dem Education City Stadium und dem Ahmad Bin Ali Stadium.

## 1 Stunde

Dies ist die längste zeitliche Distanz, die Zuschauer, Offizielle und Spieler für die Fahrt zwischen den weitest auseinander liegenden Stadien benötigen.

## 170.000 Stadionsitze

Das ist die Zahl der Stadionsitze, die Katar nach der WM abbauen und an bedürftige Länder spenden wird. Dies war ein Schlüsselfaktor bei der WM-Bewerbung Katars.

## 1.000.000 Fans

So viele Fans werden im Land während der WM erwartet. Mittlerweile ist klar, dass es erheblich mehr Interessenten gibt. Bereits im Februar 2022 waren mehr als 17 Millionen Kartenwünsche aus aller Welt bei der FIFA eingegangen. Allein für das Finale am 18. Dezember 2022 wurden bis zu diesem Zeitpunkt 1,8 Millionen Kartenwünsche eingereicht.

## 5.600.000.000 Euro

Dies ist ungefähr der kalkulierte Investitionsbetrag für die komplette WM-Infrastruktur. Die tatsächlichen Kosten werden nicht öffentlich bekannt gegeben.

## 130.000 Zimmer

Das ist die Anzahl der Zimmer, die während der WM für die Fans bereitstehen. In diesen Zimmern sind auch bereits 4.000 Kabinen auf Kreuzfahrtschiffen eingerechnet, mit denen die Veranstalter einen zeitlich begrenzten Deal abgeschlossen haben.

## 37 Metrostationen

Die 2019 eröffnete Metro von Doha hat diese Anzahl an Stationen. Alle Stadien sind an die drei Linien (Gold, Grün, Rot) des Metronetzes angeschlossen. Eine Einzelfahrt in der Metro kostet 2 Katar-Rial, das sind umgerechnet 0,5 Euro.

## Gruppe A

| | | |
|---|---|---|
| 21.11.2022 | 11:00 Uhr | Sénégal – Niederlande |
| | 17:00 Uhr | Katar – Ecuador |
| 25.11.2022 | 14:00 Uhr | Katar – Sénégal |
| | 17:00 Uhr | Niederlande – Ecuador |
| 29.11.2022 | 16:00 Uhr | Niederlande – Katar |
| | 16:00 Uhr | Ecuador – Sénégal |

## Gruppe B

| | | |
|---|---|---|
| 21.11.2022 | 14:00 Uhr | England – Iran |
| | 20:00 Uhr | USA – SCO / UKR / WAL |
| 25.11.2022 | 11:00 Uhr | SCO / UKR / WAL – Iran |
| | 20:00 Uhr | England – USA |
| 29.11.2022 | 20:00 Uhr | SCO / UKR / WAL – England |
| | 20:00 Uhr | Iran – USA |

## Gruppe C

| | | |
|---|---|---|
| 22.11.2022 | 11:00 Uhr | Argentinien – Saudi-Arabien |
| | 17:00 Uhr | Mexiko – Polen |
| 26.11.2022 | 14:00 Uhr | Polen – Saudi-Arabien |
| | 20:00 Uhr | Argentinien – Mexiko |
| 30.11.2022 | 20:00 Uhr | Polen – Argentinien |
| | 20:00 Uhr | Saudi-Arabien – Mexiko |

## Gruppe D

| | | |
|---|---|---|
| 22.11.2022 | 14:00 Uhr | Dänemark – Tunesien |
| | 20:00 Uhr | Frankreich – VAE / AUS / PER |
| 26.11.2022 | 11:00 Uhr | Tunesien – VAE / AUS / PER |
| | 17:00 Uhr | Frankreich – Dänemark |
| 30.11.2022 | 16:00 Uhr | Tunesien – Frankreich |
| | 16:00 Uhr | VAE / AUS / PER – Dänemark |

## Gruppe E

| | | |
|---|---|---|
| 23.11.2022 | 14:00 Uhr | Deutschland – Japan |
| | 17:00 Uhr | Spanien – Costa Rica / NZL |
| 27.11.2022 | 11:00 Uhr | Japan – Costa Rica / NZL |
| | 20:00 Uhr | Spanien – Deutschland |
| 01.12.2022 | 20:00 Uhr | Japan – Spanien |
| | 20:00 Uhr | Costa Rica / NZL – Deutschland |

## Gruppe F

| | | |
|---|---|---|
| 23.11.2022 | 11:00 Uhr | Marokko – Kroatien |
| | 20:00 Uhr | Belgien – Kanada |
| 27.11.2022 | 14:00 Uhr | Belgien – Marokko |
| | 17:00 Uhr | Kroatien – Kanada |
| 01.12.2022 | 16:00 Uhr | Kroatien – Belgien |
| | 16:00 Uhr | Kanada – Marokko |

## Gruppe G

| 24.11.2022 | 11:00 Uhr | Schweiz – Kamerun |
| | 20:00 Uhr | Brasilien – Serbien |
| 28.11.2022 | 11:00 Uhr | Kamerun – Serbien |
| | 17:00 Uhr | Brasilien – Schweiz |
| 02.12.2022 | 20:00 Uhr | Kamerun – Brasilien |
| | 20:00 Uhr | Serbien – Schweiz |

## Gruppe H

| 24.11.2022 | 14:00 Uhr | Uruguay – Südkorea |
| | 17:00 Uhr | Portugal – Ghana |
| 28.11.2022 | 14:00 Uhr | Südkorea – Ghana |
| | 20:00 Uhr | Portugal – Uruguay |
| 02.12.2022 | 16:00 Uhr | Südkorea – Portugal |
| | 16:00 Uhr | Ghana – Uruguay |

## Achtelfinale

| 03.12.2022 | 16:00 Uhr | Sieger Gruppe A – Zweiter Gruppe B |
| | 20:00 Uhr | Sieger Gruppe C – Zweiter Gruppe D |
| 04.12.2022 | 16:00 Uhr | Sieger Gruppe D – Zweiter Gruppe C |
| | 20:00 Uhr | Sieger Gruppe B – Zweiter Gruppe A |
| 05.12.2022 | 16:00 Uhr | Sieger Gruppe E – Zweiter Gruppe F |
| | 20:00 Uhr | Sieger Gruppe G – Zweiter Gruppe H |
| 06.12.2022 | 16:00 Uhr | Sieger Gruppe F – Zweiter Gruppe E |
| | 20:00 Uhr | Sieger Gruppe H – Zweiter Gruppe G |

## Viertelfinale

| 09.12.2022 | 16:00 Uhr | Sieger AF 5 – Sieger AF 6 |
| | 20:00 Uhr | Sieger AF 1 – Sieger AF 2 |
| 10.12.2022 | 16:00 Uhr | Sieger AF 7 – Sieger AF 8 |
| | 20:00 Uhr | Sieger AF 3 – Sieger AF 4 |

## Halbfinale

| 13.12.2022 | 20:00 Uhr | Sieger VF 2 – Sieger VF 1 |
| 14.12.2022 | 20:00 Uhr | Sieger VF 4 – Sieger VF 3 |

## Spiel um Platz 3

| 17.12.2022 | 16:00 Uhr | Verlierer HF 1 – Verlierer HF 2 |

## Finale

| 18.12.2022 | 16:00 Uhr | Sieger HF 1 – Sieger HF 2 |

*Spätestens seit Dezember 2010, als Katar den Zuschlag für die WM 2022 erhielt, ist klar: Das räumlich so kleine, aber finanziell so mächtige Emirat spielt mittlerweile eine große Rolle im Weltsport. Vor allem in der Fußballszene dieses Planeten. Beinahe alle, die diesen Sport als Geschäft verstehen, sind interessiert an guten Kontakten zu den zahlungswilligen Katarern, die ihrerseits über eine bedeutende Rolle im Weltsport ihr Ansehen stärken wollen. Ganz besonders hat sich Katars Verhältnis zum Fußball-Weltverband FIFA entwickelt. So weit, dass sich FIFA-Präsident Gianni Infantino sogar schon einen eigenen privaten Wohnsitz in Doha zugelegt hat. Ein Gespräch mit dem Sportökonomen Wolfgang Maennig zu den marktwirtschaftlichen Zusammenhängen innerhalb des Bermuda-Dreiecks aus FIFA/WM/Katar.*

**„Die FIFA hat sich für das kleinste Übel entschieden" – Interview mit Sportökonom Prof. Dr. Wolfgang Maennig**

*Sportökonom Prof. Dr. Wolfgang Maennig wurde 1988 Olympiasieger im Rudern. Bereits während seiner Karriere hatte der Diplom-Volkswirt an der TU Berlin promoviert. Nach seiner Habilitation war er Professor an der ESCP Europe Wirtschaftshochschule Berlin, später wurde er Professor für Wirtschaftspolitik an der Uni Hamburg. Er war Gastprofessor in Berkeley/USA, in Dubai, Stellenbosch/Südafrika, Istanbul, Bratislava und Rio de Janeiro.*

Herr Maennig, welche Gedanken kommen Ihnen als erstes, wenn Sie auf die bevorstehende Fußball-WM in Katar angesprochen werden?

Prof. Dr. Wolfgang Maennig: Zuerst denke ich an die vertane Chance anderer Bewerbungsländer, die beim Bewerbungsverfahren schlecht vorbereitet waren. Daneben bin ich aber ein international orientierter Mensch und denke, dass eine Fußball-WM nicht immer nur an europäische oder nordamerikanische Länder vergeben werden sollte. Es ist gerecht, dass die WM auch nach Asien oder wie in diesem Fall nach Arabien vergeben wird. Auch wenn das möglicherweise für gewisse Unannehmlichkeiten bei europäischen Konsumenten sorgt.

Welche Fehler haben zum Beispiel Länder wie Südkorea, Australien oder England gemacht, die 2010 bei der Doppel-Vergabe der WM 2018 und 2022 nicht zum Zug gekommen sind?

Maennig: In England gab es von Seiten der Medien im Vorfeld der Vergabe eine gewaltige Kampagne gegen eine WM-Bewerbung 2018. Die Zeitungen haben die Bewerbung des Landes quasi in Grund und Boden geschrieben. Lustigerweise haben die gleichen Medien – als Katar für 2022 ausgewählt war – dann entsetzt aufgeschrien und gefragt, warum in Gottes Namen die WM in ein solches und nicht in ihr Land vergeben wurde. In Australien war es ähnlich. Auch dort war die Stimmung nicht gerade WM-freundlich.

Die WM 2022 ist dann also nach Katar vergeben worden. Gefühlt gibt es heute niemanden außerhalb Katars oder der FIFA, der diese Entscheidung unterstützt. Warum konnte die WM trotzdem in Katar landen?

Maennig: Die FIFA hat seinerzeit sozusagen das kleinste Übel gewählt, das ihr noch blieb. Mir hat einmal eine hochrangige Funktionärin des Internationalen Olympischen Komitees erklärt: „Wenn wir unsere Olympischen Spiele vergeben, ist das so, als geben wir unser Baby in die Obhut anderer. Und wir möchten, dass unser Baby dort, wo wir es hingeben, auch liebgehabt wird". Ähnlich ist es auch bei der FIFA und ihrer Weltmeisterschaft: Man will die Veranstaltung in Länder vergeben, wo sie auch unterstützt wird und wo die Menschen sich drüber freuen. Man will willkommen sein. Daher landeten Großveranstaltungen wie Olympische Spiele zuletzt in Sotschi und Peking und die Fußball-WM in Russland oder nun in Katar.

Katar ist ja kein klassisches Fußballland. Hätten Sie die WM auch lieber in einem anderen arabischen Land mit mehr Fußball-historie gesehen wie zum Beispiel Ägypten, Iran oder den VAE?
Maennig: Hier habe ich wenige Präferenzen, verstehe aber Funktionsträger, die durch die Vergabe von solchen Veranstaltungen die Zukunft aktiv gestalten und ihren Sport weltweit verbreiten wollen.

Warum sind Großveranstaltungen wie eine Fußball-WM in westlichen Ländern mittlerweile so schwer zu vermitteln? Warum sind die Widerstände so groß geworden?
Maennig: Schauen wir auf den Fußball: Da hat es in der jüngeren Vergangenheit bitterböse Korruptionsskandale unsäglicher Funktionäre gegeben. US-Gerichte haben ein regelrechtes Netz von Korruption aufgedeckt. Das hat bei den Menschen das Gefühl ausgelöst: Unser Steuergeld landet nicht etwa in sinnvoller Infrastruktur, sondern in den Taschen korrupter Funktionäre. Obwohl die Korruptionsgelder nur einen verschwindend kleinen Anteil des Kostenapparates ausmachen. Aber die Menschen fühlen das so. Hinzu kommt das Problem der „Weißen Elefanten": Stadien und Sportstätten, die für die Großveranstaltungen für viel Geld gebaut werden, die aber anschließend kein Mensch mehr braucht. Das ist jetzt in Katar der Fall, galt aber auch schon in Brasilien und vorher in Südafrika.

Wenn solcherlei Großveranstaltungen mittlerweile unter einem derart schlechten Image leiden – wenden sich dann nicht irgendwann auch die Sponsoren ab?
Maennig: Genau das passiert bereits langsam. Zuletzt hat Toyota im Zusammenhang mit den Sommerspielen in Japan nicht mehr aktiv geworben. Man hat sich aufgrund des schlech-

ten Images der Spiele ganz bewusst zurückgehalten. Bisher war es allerdings immer so, dass – wenn die Veranstaltung erst einmal lief – die Ernte für die Sponsoren angesichts der sich einstellenden Fan-Euphorie dann doch noch eingefahren wurde. In Peking bei den Winterspielen 2022 war das erstmals kaum mehr der Fall. Gut möglich, dass dies in Katar auch nicht gelingt. Und das beobachten die Sponsoren natürlich ganz genau und sind anschließend nicht mehr bereit, so viel zu zahlen.

Ist es mittlerweile egal, wo eine Fußball-WM stattfindet? Weil ohnehin nur noch die TV-Quote entscheidend für den Reibach ist?

Maennig: Im Prinzip stimmt dies. Ein Fußballspieler bei einer Weltmeisterschaft wird aus Marketingsicht nicht als Sportler wahrgenommen, sondern als „Zuschauerkontaktproduzent". Heißt: Die Sponsoren analysieren genau, wieviel Menschen aus Ländern mit welcher Finanzkraft genau wie lange zuschauen. Danach richtet sich der Wert einer solchen Veranstaltung. Und dementsprechend sind die Sponsoren bereit zu investieren. Nicht ganz unwichtig ist die Zeitverschiebung. Für Olympische Spiele ist der US-Markt sehr wichtig, für Fußball-WMs der europäische oder südamerikanische Markt. Gut ist, wenn die Spiele zur Primetime dieser Regionen stattfinden.

Was bedeutet das für die WM in Katar? Gut für die FIFA, weil kaum Zeitverschiebung zu Europa?

Maennig: Ja, das passt. Allerdings kommt in Katar die Besonderheit zum Tragen, dass die WM in unserem Winter stattfinden wird. Die Europa- oder Weltmeisterschaften waren bisher in Europa immer auch großartige Outdoor-Veranstaltungen, weil die Menschen beim Public Viewing draußen gemeinsam geschaut und gefeiert haben. Wir wissen jetzt nicht, welche wirtschaftlichen Einbußen eine November/Dezember-WM in dieser Hinsicht bedeutet. Da bin ich gespannt.

Kann ein Ausrichterland mit einer WM heutzutage Geld verdienen?

Maennig: In jeder Bewerbung taucht ein Betrag auf, den ein Ausrichterland für die Organisation der Veranstaltung veranschlagt. Die lagen zuletzt bei Fußball-Weltmeisterschaften zwischen 600 und 800 Millionen US-Dollar. Die FIFA sorgt immer dafür, dass am Ende ein kleines Plus für den Ausrichter übrigbleibt. In Südafrika war es 2010 so, dass man etwas zu optimistisch kalkuliert hatte und die Kosten den veranschlagten Etat gehörig überstiegen. Das hat die FIFA dann ausgeglichen – ein kleines Plus ist garantiert. Was aber in den Kosten nicht enthalten ist, sind die Ausgaben für Investitionen in die Infrastruktur, die für eine WM erstellt werden muss: Hotels, Straßen, Flughäfen, Stadien. Das ist Sache der Länder, wird mit Steuermitteln finanziert. Auf der anderen Seite stehen die Einnahmen durch Besucher während der Veranstaltung sowie der Imagegewinn, den ein Land mit einer WM zu verzeichnen hat.

Im Zusammenhang mit der WM in Katar wird gern von „Sportswashing" gesprochen und geschrieben. Was ist das und trifft das auf Katar zu?

Maennig: Unter Sportswashing wird meist der Vorwurf verstanden, dass Missstände in einem Land durch die positiven Ausstrahlungseffekte von Sportevents übertüncht werden sollen. In Katar werden beispielsweise die Rechte der auswärtigen Arbeitskräfte als problematisch gesehen, die Frauenrechte und die Entscheidungsfindungen, die unseren demokratischen Gewohnheiten nicht entsprechen.

Wie haben sich die Verdienstmöglichkeiten der FIFA mit WMs in den letzten Jahren entwickelt?

Maennig: Positiv, allein zwischen der WM in Südafrika und der WM in Brasilien lag eine Einnahmesteigerung von rund 40 Prozent. Die FIFA vermarktet mittlerweile fast alles selbst:

die TV-Rechte, Onlinerechte, die internationalen Sponsoren-verträge und das Ticketing. Das hat sich auch bewährt, denn da sind erfahrene Leute beschäftigt, die sich gut auskennen und nicht jedes Mal in den Verhandlungen bei null beginnen müssen.

Wird die FIFA auch mit der WM in Katar wieder einen neuen Rekordgewinn verbuchen können?
Maennig: Möglich ist das, aber die Folgen der Pandemie und die insgesamt problematische politische und wirtschaftliche Lage in der Welt könnten einen neuen Rekord erschweren.

# Pro Boykott: Warum die WM in Katar boykottiert werden sollte

*Die Kritik an der WM in Katar und am Zusammenspiel der FIFA mit weltweit agierenden Autokraten ist nach wie vor vehement. Sollte sich der Fußball gemein machen mit undemokratisch geführten Nationen? Sollte er im Sinne der Verdienstmöglichkeiten „Ja" sagen zu Veranstaltungen wie der WM in Katar, deren Zustandekommen fast ausschließlich auf dem enormen Reichtum das Landes begründet ist? Die Initiative „#boycottqatar2022" sagt „Nein" und möchte, dass die kommende WM boykottiert wird. Warum das so sein soll, erklärt Initiativen-Gründer Dietrich Schulze-Marmeling.*

*Dietrich Schulze-Marmeling gehört zu den bekanntesten deutschen Fußballautoren. Zusammen mit Bernd M. Beyer hat er das Buch „Boykottiert Katar 2022! Warum wir die FIFA stoppen müssen" herausgegeben. Er ist Mitglied der Deutschen Akademie für Fußballkultur.*

### #boycottqatar2022 – warum?
*von Dietrich Schulze-Marmeling*
Befürworter eines Boykotts der WM 2022 bekommen immer wieder zu hören, ein solcher Schritt sei falsch, weil das Turnier das Austragungsland positiv verändern würde. Außerdem diene die Boykott-Forderung allein der Befriedigung des eigenen Gewissens.

Die Wahrheit ist: Die Boykott-Kampagne, bei der es im Übrigen in erster Linie um einen Boykott des Turniers durch die Fans geht, richtet sich auch gegen die Bequemlichkeit und Ambivalenz, mit der auch ansonsten kritische Zeitgenossen sportliche Großveranstaltungen in Ländern wie China, Russland oder Katar begleiten. Und was die Befriedigung des eigenen Gewissens anbetrifft: Verhält es sich hier nicht genau umgekehrt? Rührt die Vehemenz, mit der der Boykott-Kampagne begegnet wird, nicht auch daher, dass sie die Befriedigung des eigenen Gewissens stört? Dass sie eine Alternative aufzeigt zur Relativierung und zum Schönreden der Verhältnisse im Austragungsland? Dass sie dazu zwingt, Farbe zu bekennen?

## Wie Turniere politische Verhältnisse verschlimmern

Auch vor Olympia 2008 in Peking, Olympia 2014 in Sotschi und der WM 2018 in Russland wurde uns erzählt, die Veranstaltungen würden zur Öffnung dieser Länder und zur Förderung der Menschenrechte beitragen. Stets war das Gegenteil der Fall. Was auch nicht verwundert. Denn wie soll man sich das vorstellen? IOC und FIFA erstellen eine Liste autokratisch bzw. diktatorisch regierter Länder. Und entscheiden nun, welches dieser Länder einen Demokratisierungsschub am nötigsten hat. Zeitgleich beschließt man in Peking, Moskau und Doha, das eigene Land zu demokratisieren. Eigentlich wollte man dies schon immer, aber ohne eine Olympiade oder eine WM ging dies halt nicht.

Weder haben IOC und FIFA Olympia und WM in der Absicht vergeben, China, Russland und Katar zu demokratisieren – ansonsten müssten die heißesten Kandidaten für die nächsten Veranstaltungen Saudi-Arabien und Nordkorea heißen. Noch haben sich China, Russland und Katar mit dieser politischen Absicht für Olympia und WM beworben. Auch Ronny Blaschke, ein Gegner der Boykott-Forderung, hält es für gut möglich, „dass die erfolgreich organisierten Olympischen

Winterspiele 2014 in Sotschi sein (Putins) Großmachtstreben bestärkt haben. Wenige Tage später ließ Putin die Krim annektieren." Vor der WM 2018 verschärfte Moskau die Repression. Blaschke: „Dutzende Organisationen der Zivilgesellschaft wurden als ‚ausländische Agenten' gelistet. Demonstrationen wurden verboten, Internetseiten gesperrt, sensible Daten auf Vorrat gespeichert. Stets mit der Begründung, man müsse das Land vor der ‚wachsenden Bedrohung des Terrorismus schützen', gerade mit Blick auf die WM."

## Sündenfall Argentinien 1978

Was für die FIFA tatsächlich zählt, hat der Verband erstmals im Vorfeld der WM 1978 formuliert. 1973 kürte die FIFA Argentinien zum Austragungsort der WM 1978. 1975 wurde die Entscheidung seitens der FIFA nochmals bestätigt. Denn zwischenzeitlich waren Zweifel aufgekommen, ob das wirtschaftlich marode und politisch ins Chaos abgleitende Land zu einer Veranstaltung dieser Größenordnung in der Lage sei. Am 24. März 1976 wurde die peronistische Regierung durch einen Militärputsch beseitigt. Wie die Junta mit Oppositionellen umzugehen gedachte, hatte ihr Chef, General Jorge Rafael Videla, bereits am 23. Oktober 1975 auf der Konferenz der gesamtamerikanischen Streitkräfte in Montevideo erklärt: „Wenn es notwendig zur Wiederherstellung des Friedens im Lande ist, dann müssen alle im Wege stehenden Personen sterben. Es müssen so viele Menschen wie nötig in Argentinien sterben, damit das Land wieder sicher ist."

Die FIFA mitsamt ihres deutschen „Vizes" Hermann Neuberger störten solche Töne nicht. Im Gegenteil: Der Putsch erfolgte mit ihrer Zustimmung. Denn die Militärs versprachen eine reibungslose Organisation des Turniers und erhebliche Investitionen. Die Junta investierte 700 Millionen Dollar bzw. 10% des nationalen Budgets in eine WM-gerechte Infrastruktur.

Der damalige FIFA-Boss Joao Havelange war vom Putsch der Militärs begeistert: „Jetzt ist Argentinien in der Lage, die Weltmeisterschaft auszurichten!" Auch DFB-Boss und WM-Organisationschef Hermann Neuberger zeigte sich nach einem Gespräch mit Junta-Chef Videla von den Machthabern angetan: „Die Wende zum Besseren (sic!) trat mit der Übernahme der Macht durch die Militärs Ende März dieses Jahres ein. (…) Ganz gleich, wie man diesen Wechsel politisch bewertet, wir jedenfalls haben dadurch Partner mit Durchsetzungsvermögen bekommen."

## Sportführer und Autokraten

FIFA und UEFA lieben Länder, in denen starke Männer durchregieren und dafür sorgen, dass die Organisation eines großen Turniers nichts zu wünschen übrig lässt. Auch wenn dabei Menschenleben auf der Strecke bleiben. Autokraten lieben große Sportereignisse im Sinne des Imagegewinnes. Und um den Demokratien die Überlegenheit und Dynamik autoritär-national gelenkter Staaten gegenüber den kraftlosen, komplizierten Demokratien zu demonstrieren. Totalitarismus und Sport vertragen sich gut. Totalitäre Regime schaffen ideale Rahmenbedingungen für Mega-Events. Länder wie Russland und Katar bekommen nicht den Zuschlag trotz demokratischer Defizite – sondern wegen dieser.

Weltsportführer und Autokraten sind Seelenverwandte. Beide Seiten lieben das Gigantische, Monströse. Denn autokratische Regime können für zwei Dinge garantieren: politische Durchsetzungskraft und hohe staatliche Investitionen.

Demokratische Systeme und Gesellschaften haben aus Sicht der FIFA-Führung ein Manko: Jerome Valcke, von 2007 bis 2016 Generalsekretär der FIFA, fand das Austragungsland Brasilien zu demokratisch. Der Franzose beklagte Probleme mit den politischen Strukturen des Landes: „Es gibt verschiedene Personen, Bewegungen und Interessen, und es ist durchaus schwierig, in diesem Rahmen eine WM zu organisieren." So erdreistete sich die Arbeitsbehörde des Bundestaates Sao Paulo, auf der Stadionbaustelle in Sao Paulo einen partiellen Baustopp zu verhängen. Vorausgegangen war der bereits siebte tödliche Unfall eines Arbeiters – nicht erst in Katar forderte das FIFA-Bauprogramm Arbeiterleben. Der ehemalige brasilianische Nationalspieler und Bundesligaprofi Giovane Elber führte die Unfälle auf den enormen Zeitdruck zurück. FIFA-Boss Blatter vergoss einige Krokodilstränchen – um wenig später die Gastgeber der „Trödelei" zu bezichtigen.

Ausgerechnet im fußballverrückten Brasilien stieß die FIFA-Gigantomanie erstmals auf massiven Protest. Im Jahr vor der WM ging das Volk auf die Straße, um gegen die FIFA und die eigene Regierung, gegen die Verschwendung von Ressourcen zugunsten der WM und zu Lasten von Schulen, Krankenhäusern und Infrastruktur zu demonstrieren. Auch ehemalige (Romario) und noch aktive (Neymar) Fußballer solidarisierten sich. Der damalige FIFA-Boss Sepp Blatter erklärte lapidar: „Fußball ist mehr wert als alle sozialen Querelen." Und Jerome Valcke war froh, dass die nächste WM in Russland ausgetragen wurde: „Das mag jetzt ein wenig verrückt klingen, aber manchmal ist weniger Demokratie bei der Planung einer WM besser. Wenn es ein starkes Staatsoberhaupt mit Entscheidungsgewalt gibt, vielleicht wie Putin sie 2018 hat, ist es für uns Organisatoren leichter als in Ländern wie Deutschland, in denen es auf verschiedenen Ebenen verhandelt werden muss."

Für große Sportereignisse gibt es keinen besseren Partner als ein autokratisches Regime, das Sportswashing betreibt. FIFA-Boss Gianni Infantino zieht es noch mehr an die Seite von Autokraten als sein Vorgänger Sepp Blatter. Besonders die Golfregion hat es ihm angetan, da diese mittlerweile ein bedeutender Finanzier des Weltfußballs ist.

Thomas Hitzelsperger wäre lieber, wenn die Organisatoren des Turniers ehrlich wären. „Meine Hoffnung auf Verbesserung hält sich in Grenzen. Es wird der FIFA nicht schwerfallen, vier Wochen lang Bilder zu zeigen, die den Eindruck von Fortschritt vermitteln, ohne dass sich im Land in den kommenden Jahren grundsätzlich etwas ändert. Russland ist nach der letzten WM auch nicht demokratischer und liberaler geworden." Es wäre besser, „wenn man knallhart sagt: Die arabische Welt ist ein wichtiger Markt mit potenten Sponsoren, sie haben eine Top-Bewerbung abgegeben, also spielen wir da."

## Die FIFA und die Menschenrechte

Im Verlauf der letzten beiden Jahrzehnte hat sich unter Fußballfans und auch Sportjournalisten ein Interesse an Menschenrechtsfragen entwickelt. Teilweise war das eine Reaktion auf Rassismus und Homophobie unter den Fans selber, aber sicherlich auch eine allgemein stärkere Sensibilisierung für solche Probleme. Viele Faninitiativen nehmen heute öffentlich Stellung zu Fragen der Diskriminierung und fordern Entsprechendes auch von Vereinen und Verbänden.

Auf diese Entwicklung hat die FIFA im Mai 2017 mit einem sog. „Bekenntnis der FIFA zu den Menschenrechten" reagiert. Darin bekennt sie sich zur Einhaltung der Menschenrechte gemäß der UN-Charta sowie gemäß der Erklärung internationaler Arbeitsorganisationen. Unter anderem heißt es in der Erklärung: „Die FIFA ist bestrebt, innerhalb der Organisation und bei all ihren Tätigkeiten ein diskriminierungsfreies Umfeld zu schaffen."

Das klingt gut, aber man fragt sich, wie dieser hehre Anspruch damit vereinbar ist, in einem Land wie Katar ein WM-Turnier durchzuführen. Doch in Wahrheit gibt es zwischen der Entscheidung pro Katar und der FIFA-Erklärung gar keinen Widerspruch.

Denn das „Menschenrechtsbekenntnis" der FIFA hat eine entscheidende Einschränkung, die in folgendem Passus deutlich wird: „Die FIFA ist zudem bestrebt, negative Auswirkungen auf die Menschenrechte, die über ihre Geschäftsbeziehungen einen direkten Bezug zu ihren Tätigkeiten, Produkten oder Dienstleistungen haben, zu vermeiden oder einzudämmen."

Das bedeutet im Fall Katar: Grundrechtsverletzungen interessieren die FIFA nur dann, wenn sie im direkten Kontext mit der WM stehen. Sklavenähnliche Arbeitsbedingungen sind nur dann relevant, wenn sie an WM-Baustellen herrschen. Die Verfolgung von Schwulen und Lesben ist nur relevant, sofern sie den Gästen des WM-Turniers zustößt. Mit anderen Worten: Die FIFA verlangt eine Art Vier-Wochen-Demokratie für internationale Gäste des Turniers. Das ist eine Grundlage, mit der sie mit jeder Diktatur ins Geschäft kommen kann, solange diese zu kleineren Kompromissen im Vorfeld und während der Veranstaltung bereit ist. Das gelang 1936 sogar den Nazis. Unsere Sichtweise muss über den unmittelbaren Kontext des WM-Turniers hinausgehen. Auch zeitlich sind Menschenrechte unteilbar. Eine Diktatur, die lediglich für vier Wochen ein freundliches Gesicht zeigt, bleibt eine Diktatur und sollte kein WM-Gastgeber sein.

Die Funktion von Menschrechtsorganisationen sieht Infantino in diesem Kontext so: Sie sollen ein Schutzschild aufbauen, hinter dem der FIFA-Boss mit den Autokraten ungestört kuscheln kann. Die Menschenrechtsorganisationen sollen den Veranstaltungen der FIFA eine Unbedenklichkeitsbescheinigung ausstellen.

## Schönreden? Nein Danke!

Bei den Gegnern eines Boykotts ist häufig der Zwang zu spüren, die Situation im Austragungsland schönzureden. Hingegen wird stets geschwiegen, wenn es Rückschläge gibt. Kleinste Reformen in Katar werden zu Revolutionen hochgejazzt. So wird dem

Emirat eine „smarte Außenpolitik" angedichtet, als ob Katar das Costa Rica des Nahen und Mittleren Ostens sei. Katars „smarte Außenpolitik" beinhaltet allerdings nicht nur die Ausrichtung von großen Sportveranstaltungen, die Beteiligung an westeuropäischen Banken und Unternehmen, den Kauf von Immobilien und den Bau von Moscheen, sondern auch die Unterstützung der radikal-islamistischen Hamas, der Taliban, der Huthi-Rebellen im Jemen, Waffenexporte etc. Eine auch „smarte Außenpolitik" betreibt so ziemlich jedes Land der Welt. Russlands Außenpolitik besteht auch nicht nur aus militärischen Überfällen, sondern auch aus dem geopolitisch motivierten Verkauf von Gas, Cyberattacken und Fake News-Sendern wie Russia Today und Sputnik. Angeblich will Katar mit der WM einen Einmarsch des großen Nachbarn Saudi-Arabien verhindern – der längst Katars „Europapolitik" kopiert, einschließlich des „Sportwashings". Also betreibt auch Riad eine „smarte Außenpolitik".

Besonders die Abschaffung des Kafala-Systems wurde von der FIFA und den Katar-Lobbyisten frenetisch gefeiert. Unabhängig recherchierende Journalisten, d. h. Journalisten, die nicht am Händchen von katarischen Offiziellen das Land besichtigen, zu nennen ist hier insbesondere der mutige Benjamin Best, waren schon vor Monaten zu der Erkenntnis gelangt, dass es mit der Reformbereitschaft des Regimes nicht weit her sei. Und dass sich die Dinge in einigen Bereichen sogar verschlechtert hätten.

Später grätschte auch amnesty international dazwischen. Das Kafala-System sei keineswegs Geschichte. „Alle bisherigen Fortschritte werden zunichte gemacht, wenn sich Katar damit zufriedengibt, dass viele Maßnahmen quasi nur auf dem Papier existieren und in der Praxis nicht umgesetzt werden", sagt Katja Müller-Fahlbusch, ai-Expertin für die Region Naher Osten und Nordafrika.

Im August 2019 demonstrierten in Katar hunderte Gastarbeiter gegen ausbleibende Löhne, eingezogene Ausweispapiere und schlechte Unterbringung. Sie taten dies trotz Verbot.

Das norwegische Fußballmagazin *Josimar* enthüllte, wie WM-Organisationschef Hassan Al-Thawadi eine Berichterstattung über ausbeuterische Arbeitsbedingungen auf WM-Baustellen verhindern wollte. Abdullah Ibhais, Kommunikationsdirektor des WM-OKs, wurde zu fünf Jahren Haft verurteilt. Dem Jordanier wurde u. a. Missbrauch von Geldern und Bestechung vorgeworfen. Die Wahrheit ist wohl, dass Ibhais Al-Thawadi widersprach, als dieser Berichte über die Streiks der um ihr Gehalt betrogenen Gastarbeiter unterdrücken wollte. Al-Thawadi hatte darauf gedrängt zu verbreiten, dass die Demonstrationen und Streiks nichts mit der WM zu tun hätten. Human Rights Watch und Fairsquare protestierten gegen das Urteil. Ansonsten herrschte peinliches Schweigen. Und die FIFA? Infantino und Co. deckten das Vorgehen des Regimes.

Die renommierte Institution Freedom House bewertete das politische System in Katar noch in den 1980er Jahren als „teilweise frei"; seither ist es konstant als „nicht frei" eingestuft. Im „Demokratie-Index", den die britische Zeitschrift *The Economist* ähnlich wie Freedom House jährlich und weltweit misst, dümpelt Katar seit Jahren konstant auf dem 126. Platz und damit in der schlechtesten Kategorie „Autoritäres Regime".

Noch aufschlussreicher ist das Urteil von Reporter ohne Grenzen. Als Katar 2008 seine Bewerbung für die WM startete, lag das Land im Ranking der Pressefreiheit auf einem soliden Mittelplatz: 74. von damals bewerteten 172 Staaten. Seither ist Katar – parallel zu den sich entwickelnden internationalen Sportkontakten – kontinuierlich abgerutscht. Als der FC Bayern 2011 erstmals sein Winter-Trainingslager dort aufschlug, war es schon Platz 114. Und aktuell im Jahr 2021 liegt es auf Platz 128 (von 180 Staaten). Die Bedingungen für die Medien haben sich also stark verschlechtert. Und im jüngsten @Gay Travel Index, der jährlich veröffentlicht wird und der die Situation der LGBTIQ-Community weltweit bewertet, liegt Kanada ganz vorne. Und Katar? Auf Platz 190 (von 202). Immerhin knapp vor Afghanistan.

Dass sich in Katar wenig verbessert hat, manches hat sich sogar verschlechtert, daran tragen die FIFA und die Schönredner:innen der Verhältnisse eine Mitschuld.

Die Politik des Schönredens und Schweigens führt dazu, dass der Kampf für Menschenrechte an Glaubwürdigkeit verliert und schweren Schaden nimmt.

## Die Menschenrechte sind unteilbar

Befürworter eines Boykotts bekommen zu hören, sie müssten auf die „kulturelle und politische Rückständigkeit" des arabischen Raumes Rücksicht nehmen. Und: „Wir dürfen die Situation dort nicht an unseren westlichen Werten messen!"

Ob unsere Werte nun westlich, östlich, südlich oder nördlich sind, interessiert uns nicht. Uns geht es um politische und soziale Grundrechte sowie um Menschenrechte. Es heißt doch immer, die Menschenrechte seien unteilbar ... Offensichtlich sind sie es doch nicht.

Wir sind nicht Anwälte der Herrschenden in Katar, die um Verständnis dafür werben, dass diese in Sachen Menschenrechte und Demokratie etwas langsam sind. Unser Bezugspunkt sind die Menschen, denen politische und soziale Rechte verweigert werden – im Übrigen überall auf der Welt. Wie sollen wir uns gegenüber Menschen verhalten, die in den Genuss unserer (angeblich nicht universellen, sondern lediglich exklusiv-westlichen) Werte kommen möchten? Vielleicht so: „Ich kann ja verstehen, dass dir nach Freiheit dürstet, nach den gleichen Rechten, derer ich mich erfreue. Aber das geht nicht so einfach. Halt dich zurück! Vergiss nicht, wo du lebst!"

Manchmal werden auch sogenannte Traditionen bemüht, die man berücksichtigen müsse und die sich nicht so einfach abstellen ließen. Mit dieser Denke könnte man auch sagen: Die Forderung nach einer Auflösung der russischen Straflager ist zu radikal, da Straflager in Russland eine lange Tradition haben. Und was den Antisemitismus in Deutschland betrifft: „Bitte alle Fünfe gerade sein lassen: Antisemitismus hat hierzulande eine lange Tradition, wurde zwölf Jahre lang sogar extrem exzessiv gelebt. Da muss man seine Erwartungen zurückschrauben." Auch beim Umgang mit dem sexuellen Missbrauch in der katholischen Kirche wäre Mäßigung angesagt: „Wir müssen berücksichtigen, dass es hier um eine Institution aus dem Mittelalter geht. Da benötigen Reformen etwas Zeit." Von dieser Form der Argumentation profitieren stets ausschließlich die Herrschenden, nie die Entrechteten und Unterdrückten. Sie dient dem Zeitgewinn und der Verwässerung von Reformen, bis der Sturm vorüber ist.

## Die Forderung nach einem Boykott

Es ist immer schwierig, die langfristigen Wirkungen von Boykott vs. Teilnahme abzuschätzen. Die Boykotts während des Kalten Krieges waren geopolitisch motiviert und insofern kontraproduktiv. Der Boykott afrikanischer Staaten zur WM 1966 war sinnvoll und erfolgreich. Die Teilnahmen an WM/Olympia in Russland und China haben ganz offensichtlich zu keinerlei positiven Veränderungen in diesen Ländern geführt. Pauschale Aussagen sind also kaum möglich, es kommt auf die konkrete Situation an. Zu berücksichtigen ist auch, dass ein Boykott gar nicht den primären Anspruch hat, die Verhältnisse in den Gastgeberländern selbst zu verändern. Vorrangig soll die Praxis der FIFA beendet werden, das Turnier in solch problematische Länder zu vergeben.

Jahrelang gab es einen gewissen Unmut über die Vergabe nach Katar, aber der war nicht wirklich spürbar. Erst als die Forderung nach Boykott im Raum stand – damit meine ich nicht nur unsere Initiative, sondern die entsprechenden Diskussionen Anfang 2021 in Norwegen –, gewann die Diskussion an Fahrt und Schwung. Denn da war klar: Sowohl Sportler wie Fans sind bereit, auf das Ereignis zu verzichten, weil sie nicht mitwirken wollen, das Image von Katar durch Sportswashing zu verbessern. Erst danach stellte sich beispielsweise auch die deutsche Nationalelf der Diskussion.

Die Befürworter eines Boykotts sind der Meinung, dass mit der Vergabe des Turniers an Katar eine rote Linie überschritten wurde. Aus dem bislang Gesagten wird deutlich: Ihre Kritik gilt nicht nur dem Regime im Austragungsland, sondern im gleichen Ausmaß auch der FIFA und ihrem „Sportführer" Infantino.

Die Forderung nach einem Boykott zwingt zu aktiver Aufklärungsarbeit und ist mit Sonntagsreden nicht vereinbar. Sie hat eine lebhafte Diskussion über den Zusammenhang von Menschenrechten und Fußball, über Werte und Haltung in diesem Spiel ausgelöst. Wie eine lebhafte und kontroverse Diskussion über den richtigen Umgang mit autokratischen Regimen. Und nie zuvor wurde über die FIFA so kritisch und intensiv diskutiert wie aktuell.

Was wir vor und während des Turniers maximal erreichen können: dass FIFA, UEFA und auch dem DFB verdeutlicht wird, dass solche Turniere nicht ohne Stress über die Bühne gehen, dass ein mächtiges Umdenken angesagt ist.

# Kontra Boykott: Warum die WM in Katar nicht boykottiert werden sollte

*Die Standpunkte zur bevorstehenden WM in Katar sind breit gefächert. Neben jenen, die der Meinung sind, mit dem Weltfußball und der FIFA könne und dürfe es nicht so weitergehen wie im Moment, gibt es auch die andere Seite: Diejenigen, die argumentieren, dass der Fußball zu vielen positiven gesellschaftlichen Prozessen beitragen kann, auch und gerade in Katar. Diese Ansicht vertritt Roland Bischof. Er ist strikt gegen einen WM-Boykott.*

*Roland Bischof ist Sportmarketing-Experte mit langjährigen Erfahrungen im arabischen Raum und speziell in Katar. Zudem hat er 2012 die Initiative Deutscher Fußball Botschafter gegründet, die weltweit soziale Projekte im Kontext von Fußball fördert.*

### Darum sollte die WM nicht boykottiert werden
*von Roland Bischof*

Ich denke, es ist grundsätzlich nicht der richtige Weg, den Sportlern ihren sportlichen Höhepunkt zu nehmen, damit sie vermeintlich das „regeln", was die Politik nicht geschafft hat. Das verhält sich bei den Olympischen Spielen wie bei einer Fußball-Weltmeisterschaft. Mir sind noch gut die enttäuschten Gesichter der Sportler vor Augen, die durch die Boykotte in 1980 und 1984 nicht ihrem großen Traum nachkommen durften und nach jahrelangem Training um ihre Belohnung gebracht wurden.

Der Vergleich von der WM 2022 zu den letzten sportlichen Großereignissen in China oder Russland sollte sich eigentlich von selbst verbieten, denn das wäre der Vergleich zwischen Äpfel und Birnen. Katar entwickelt und verhält sich in eine komplett andere Richtung als die beiden Großmächte. Hier sind die Zeichen auf Annäherung und Transformation gestellt. Hier werden weite Bereiche rundum erneuert, vieles wird reformiert – auch wenn das nicht allen schnell genug geht, so stimmt doch die Richtung.

Von daher sollte das Team hinfahren bzw. antreten dürfen und sich nicht für seine Teilnahme rechtfertigen müssen – die Entscheidung für einen Austragungsort wird schließlich auch ohne jeglichen Einfluss der Spieler getroffen; sie jetzt dafür verantwortlich zu machen und die Diskussion auf dem Rücken der Mannschaft auszufechten, wäre nicht nur ungerecht, sondern anstatt einer fairen Lösung auch ein Weg in die absolut falsche Richtung.

Verantwortungsvolle Spieler können sich stattdessen vor Ort (freiwillig) äußern oder auch ihre Reichweite nutzen. Und sollten Politiker oder Fans eine WM boykottieren wollen (etwa durch Nicht-Besuch oder TV-Boykott), so steht dies jedem frei – wir leben ja in einer Demokratie.

Doch hier kommen wir zum zentralen Punkt:

Diejenigen, die sich äußern, ob sie einen Boykott fordern oder nicht, sollten sich mit der Materie auch näher befasst haben, Themen einordnen und in Relation setzen können!

Dies fehlte, nicht nur in der Vergangenheit, leider oftmals. Es kursieren viele negativ besetzte Schlagwörter, gefährliches Halbwissen und falsche Vorstellungen, womit man sich, insbesondere in Deutschland, schnell ein „Schulterklopfen" abholen kann, wenn man einseitig Negatives nur laut genug vorträgt. Denn gegen Katar zu sein, schien beizeiten fast schon „zum guten Ton" zu gehören. Leider jedoch blieb die Qualität der Argumente vielfach komplett auf der Strecke und es endete meist in aufgeschnapptem und keinesfalls fundiertem Halbwissen.

Dies war selbst bei manch führenden Politikern und Politikerinnen in den letzten Monaten zu beobachten. Parteiübergreifend. Boykottforderung untermauert von einem der gängigen Schlagworte, warum man gegen Katar als Gastgeber sein sollte. Das geht von den vermeintlichen 6.500 Toten auf WM-Baustellen (dass dies nicht der Wahrheit entspricht, erkennt sofort jeder, der sich mit dem Thema befasst, aber da hat sich halt die Schlagzeile des Guardian etwas verselbstständigt …) bis zu der Situation der Frauen. Beispiel Lars Klingbeil (SPD) Anfang Februar des Jahres: Seinen Boykott begründete er mit der dortigen Situation der Frauen. Dabei hat sich in keinem anderen Land der Region die Stellung der Frau so stark und positiv entwickelt wie in Katar. Das Land wird sogar von vielen Frauen der Nachbarländer als Vorreiter und Hoffnungsträger einer sich verändernden und stärkeren Frauenrolle gesehen. Die Mutter des jetzigen Emirs verkörpert die starke, intelligente und gebildete Frau der arabischen Welt und gilt als Vorbild und Aushängeschild. Und ihr Mann, der vormalige Emir, hat sie in dieser Rolle noch bestärkt. So wurden u. a. sehr große Anstrengungen im Bereich der Bildung unternommen. Das System ist modern und vorbildlich. Der Anteil von Frauen in Universitäten oder Führungspositionen wächst. Auch zum Unmut einiger sehr konservativer Kräfte in Katar, die am liebsten keinerlei Veränderungen haben wollen. Ähnlich wie seinerzeit in Deutschland, denn es ist noch gar nicht so lange her, dass die Frau ohne Erlaubnis des Mannes arbeiten durfte (seit 1977) oder endlich der Straftatbestand der Vergewaltigung in der Ehe eingeführt wurde (1997).

Alles wichtige Errungenschaften, die auch bei uns ihre Zeit brauchten. Von daher verbietet sich meines Erachtens der „berühmte erhobene Zeigefinger", mit dem manch Deutscher ausgestattet, gern missionarisch anderen Ländern das Leben erklärt. Vielmehr sollten wir die Reformbewegungen unterstützen oder zumindest anerkennen, anstatt immer nur zu kritisieren und damit Reformer zu schwächen bzw. konservative Reformgegner zu stärken. Konstruktive Kritik auf Basis objektiver Informationen wäre wünschenswert. Und es wäre fair, die Zeit zu geben, die Veränderungen nun mal benötigen – zumal in einem so jungen Land mit alten Traditionen.

Doch wie kam es überhaupt dazu, dass Katar ein derart schlechtes Image hierzulande hat?

Als ich ab 2005 die ersten Male dort war, haben hier die wenigsten Menschen etwas mit dem Land anfangen können. Für die meisten, wenn sie überhaupt mal da waren, war die Region ein Stop-Over Ort auf ihren Flügen nach Asien oder Australien. Bestenfalls Dubai war den meisten ein Begriff, als Glitzerwelt. Viele vertauschten Doha oder Katar gar mit den Vereinigten Arabischen Emiraten oder ordneten in Saudi-Arabien gängige Praktiken (Frauen dürfen kein Auto fahren, Vollverschleierung, Hand abhacken bei Diebstahl, Steinigung, Enthauptung und öffentliche Auspeitschung) dem noch jungen Wüstenstaat zu. Als dann die Vergabe der Fußball-Weltmeisterschaft erfolgte, betrafen die ersten Kritiken die Hitze, fehlende Fußballkultur und Alkoholverbot. Doch eine genauere Vorstellung über Kultur, Land & Leute gab es damals auch eher selten. Zu diesem Zeitpunkt war es mit den Arbeiterrechten in den vermeintlich fortschrittlichen Vereinigten Arabischen Emiraten ebenso wie in Katar nicht weit her. Ein Desaster. Von Saudi-Arabien ganz zu schweigen, da gab es schlichtweg keine. Für die Reformer im WM-Land bedeutete die Vergabe der Weltmeisterschaft die Chance, den langfristig angelegten Erneuerungsplan auch im Eiltempo durchzusetzen, denn es gab von nun an einen fixen Termin, an den es sich zu halten galt. Auch wenn er sich durch die Verschiebung des Turniers um ein halbes Jahr ausdehnte. Dazu eine Öffentlichkeit, die zunehmend auf die Standards schaute, die seinerzeit erst aufgebaut werden mussten. Und im Gegensatz zu den Nachbarn auch wurden.

Dann kam die von den VAE bezahlte Medienkampagne gegen Katar. Inzwischen wurde sowohl von westlichen Geheimdiensten als auch von einigen Medien selbst eingeräumt, dass es sich um bezahlte Fake-News handelte, einzig mit dem Ziel, Katar zu diskreditieren. Dies geschah anfangs hauptsächlich in England und selbst Politiker wie Tony Blair oder der damalige Londoner Bürgermeister Boris Johnson wurden in diesem Zusammenhang genannt. Nur noch sechs Jahre bis zur WM und die Stimmung wurde in der Folge nun auch in Deutschland immer schlechter. Es war zu dieser Zeit oftmals eher ein Bashing als kritisch-ausgewogene Berichterstattung. Als dann auf Geheiß von Saudi-Arabien 2017 die Krise ausbrach und zahlreiche Länder Katar boykottierten und isolierten, stand für viele „der Schuldige" fest. Trump hatte seinerzeit den größten Waffendeal mit dem mächtigen Saudi-Arabien gemacht (wohl über 100 Mrd. US $) und Katar danach zum „Abschuss" durch die Saudis freigegeben. Die geplante kriegerische Invasion konnte nur durch besonnene Trump-Berater gestoppt werden, die ihrem Chef seinerzeit erklärten, dass er sich durch die Freigabe selbst angreifen würde. In Katar befindet sich mit der Al-Udeid Air Base nämlich der größte und wichtigste Luftwaffenstützpunkt der Amerikaner im Mittleren Osten. Trump dachte, dieser wäre in den Arabischen Emiraten. Es gibt kein plakativeres Beispiel, wie wichtig es ist, sich erst ordentlich zu informieren, bevor man (ver)urteilt.

Sicherlich hat vieles noch keinen Standard nach unseren Vorstellungen, aber die Richtung stimmt, der Wille ist da – und im Gegensatz zu seinen Nachbarn hat Katar mehr geschafft als die Länder, die teilweise gefeiert, zumindest jedoch nicht kritisiert werden. Es wäre fair, die Entwicklungen im Verhältnis zu den Ländern der Region zu sehen. Es gibt im regionalen Vergleich gesehen im WM-Land die stärksten Veränderungen beim Mindestlohn, Kafala-System oder den Arbeiterrechten etc. Und wie bereits beschrieben, haben auch die Frauen in Katar mehr Rechte (dies wurde sogar bereits 2014 von der „taz" gelobt, die sicherlich nicht in Verdacht steht, eine besonders positive Meinung dem Land gegenüber zu haben).

Katar wäre gern das friedliche, vermittelnde Scharnier zwischen der westlichen und der arabischen Welt. Von daher wurden auch politisch-neutrale Plattformen gegründet. Dazu gehören neben zahlreichen anderen Formaten auch die Taliban-Runden. Das hat weniger mit einer Sympathie der Kataris für die Taliban zu tun, im Gegenteil, sondern vielmehr mit dem Wunsch westlicher Regierungen, einen neutralen Ort für Verhandlungen zu haben, ohne z. B. die Taliban per Protokoll politisch anerkennen zu müssen. Ohne diese Maßnahmen der Kataris hätten auch wir Deutsche zigtausende Ortskräfte (trotz unseres Versprechens ihnen gegenüber) nicht ausfliegen können. Zumal die Rettungsaktionen zu 90% von Qatar-Airways durchgeführt wurde, der Airline, die einerseits laut unabhängigen internationalen Bewertungen seit Jahren zu den besten der Welt gehört und andererseits von Fans des FC Bayern München als Inbegriff des Teufels bezeichnet wird. Die Taktik gegenüber den Taliban wurde im Anschluss übrigens auch von führenden Regierungsvertretern der westlichen Welt gelobt und allen voran hat sich der amerikanische Außenminister Blinken bedankt. Nur von einigen wenigen politischen Vertreterinnen und Vertretern aus Deutschland wurde dies seinerzeit als Taliban-Nähe bezeichnet und somit als Grund für einen WM-Boykott-Aufruf genannt. Der Fairness halber möchte ich an dieser Stelle aber auch sagen, dass sich die Meinung dieser Minderheit nach Erweiterung ihrer Kenntnisse über Katar geändert hat und sich diese Boykottaufrufe von den betreffenden Personen bisher nicht mehr wiederholten. Von daher halte ich es für so wichtig, sich eingehend zu informieren.

Ein weiteres Argument gegen die Vergabe der Weltmeisterschaft in die Wüste war: „Was will ein so kleines Land mit so vielen Stadien?"

Ausgehend von den Nachnutzungsplänen bei vorherigen Weltmeisterschaften wie z. B. in Brasilien oder Südafrika eine sehr berechtigte Frage. Allerdings wird bei dieser kritischen Darstellung oftmals leider nicht auch darüber aufgeklärt, dass bereits bei der Vergabe ein erstklassiges Nachnutzungskonzept bestand. Bereits beim Bau wurde die Nachnutzung berücksichtigt und wenn das Stadion nicht für eine Eigennutzung benötigt wird, wurde bereits architektonisch berücksichtigt, dass das Stadion abgebaut wird, um es dann in Form von drei kleineren Stadien als Spende in afrikanischen Ländern wieder aufzubauen. Es gibt viele dieser positiven Konzepte, auch im Bereich der Nachhaltigkeit oder dem Klimaschutz, über die in den Medien jedoch leider nur sehr selten berichtet wurde. Übrigens waren ursprünglich sogar zwölf Stadien geplant. Am Ende war man froh, dass die Vernunft siegte und das Gastgeberland nur zu acht Stadien verpflichtet wurde. Es wird jedenfalls keine „weißen Elefanten" geben.

Es würde auch nutzen und zum Verständnis beitragen, einmal den Blickwinkel zu verändern und Handlungsmöglichkeiten nicht nur aus der eigenen Sichtweise zu beurteilen. Es ist ein kleines Land inmitten zweier Großmächte, die sich nicht ausstehen können (Iran und Saudi-Arabien). Sein Reichtum beruht hauptsächlich auf einer unterirdischen Gas-Blase, die sie sich wiederum mit dem Iran teilen müssen. Und seine Führer möchten die Gesellschaft modernisieren, dem Fortschritt öffnen, Bildung fördern etc., ohne dabei ihre traditionellen Wurzeln aufzugeben. Sie suchen die Balance, den Einklang. Das geht nur über Reformen, doch die müssen von innen wachsen und dürfen nicht von außen aufoktroyiert werden. Und wir sollten ihnen die Chance geben, damit zu wachsen.

Zusammenfassend denke ich, dass ein Boykott nicht nur ein falsches Signal darstellt, sondern auch nicht gerechtfertigt ist. Katar sucht noch seine Position, macht auch nicht alles richtig, ist aber bei Weitem nicht so schlecht wie bei uns häufig dargestellt und schon gar kein Vergleich mit wahren Schurkenstaaten. Geben wir den Katarern die Chance und die Zeit. Und stärken

nicht die Reformgegner, indem wir die zarte Pflanze der ange-
stoßenen Verbesserungen wieder niedertrampeln.

Ich glaube an eine schöne Weltmeisterschaft. Innovative Stadien, kurze Wege, saubere Umgebung – es treffen sich die Fans
aus aller Welt und feiern friedlich ihre Mannschaften, denn in
Katar gibt es auch nahezu keine Kriminalität oder gar Gewalt.
Dafür umso mehr Gastfreundschaft.

Lasst uns also objektiv informieren, ein fundiertes und fai-
res Urteil bilden, auf Missstände kritisch, aber lösungsorien-
tiert hinweisen und Entwicklungen oder Verbesserungen auch
lobend anerkennen. Dann trägt der Fußball auch zu dem bei,
was ihn auch neben dem Platz so faszinierend macht – Brücken
zu bauen und Vorurteile abzubauen.

# Reise-tipps

# Katars Sehenswürdigkeiten

## Qatar National Museum

Das von Stararchitekt Jean Nouvel in Form einer Wüstenrose konzipierte Museum ersetzt das mehrfach preisgekrönte alte Nationalmuseum, das jahrelang – auf dem gleichen Gelände – im ehemaligen Feriq al Salata Palast untergebracht war.

Im März 2019 konnte das Museumsgelände, das den Palast von Sheikh Abdullah bin Jassim Al Thani umfasst, nach mehrfachem Aufschub endlich der Öffentlichkeit zugänglich gemacht werden. Das 40.000 Quadratmeter große Museum besteht aus ineinandergreifenden Scheiben, die Hohlräume schaffen, um die Besucher vor der Wüstenhitze zu schützen. Das Gebäude befindet sich auf einem Grundstück am südlichen Ende der Corniche und ist durch zwei Fußgängerbrücken und eine Straßenbrücke mit der Küste verbunden. Wie sein Vorgängerbau, das 1975 eröffnete Nationalmuseum, umfasst das neue Gebäude mehrere Galerien, auf denen bei einem Rundgang drei große The-

men präsentiert werden: In chronologischer Folge wird zunächst über die Naturgeschichte der Wüste und ihre Bewohner informiert, es folgen Präsentationen über die Beduinenkultur, Stammeskriege, die Gründung Katars bis schließlich hin zur Entdeckung von Öl und Gas. Displays und Installationen untermalen eine gewaltige Sammlung von über 8.000 Objekten, unter denen archäologische Artefakte, Textilien, Kostüme, Haushaltsgegenstände, Schmuck, Kunstgegenstände und Bücher aller Art und Zeiten zu finden sind.

## Museum of Islamic Art

Der vom amerikanisch-chinesischen Stararchitekten Ieoh Ming Pei entworfene Bau wurde auf einer eigens aufgeschütteten Halbinsel in der Bucht von Doha errichtet.

Saud Al Thani, ein Cousin des Emirs von Katar, reiste jahrelang um die Welt und erstand für über zwei Milliarden US-Dollar unzählige Schätze aus 13 Jahrhunderten islamischen Kunstschaffens. Präsentiert wird diese enorme Sammlung in einem

169

fünfstöckigen, pyramidenförmigen Bau. Architekt Pei, der einst auch die gläserne Pyramide des Pariser Louvre entwarf und den Erweiterungsbau des Historischen Museums in Berlin plante, soll erst nach langem Zögern und Informationsreisen unter anderem zum Taj Mahal in Indien und den Pyramiden in Ägypten irgendwann zugesagt haben. 2008 konnte das weltweit beachtete Museum, das auch über ein herrlich gelegenes Café verfügt, geöffnet werden.

Der „laute Hof" vor dem Museum ist der Stadt zugewandt und wird von laut sprudelnden Wasserfontänen geprägt, die sich wie ein Sprühnebel über die Besucher legen. Auf der anderen Seite und dem „stillen Hof" ist Ruhe angesagt. Dort, wo der Lärm der Stadt nicht mehr zu hören ist, kann man bei einem „Karak"-Milchtee den Blick auf die Bucht von Doha und die dahinterliegenden Wolkenkratzer der West Bay genießen.

## Mathaf – Arab Museum of Modern Art

Etwa 13 Kilometer westlich von Dohas Innenstadt liegt am Rand der Education City im Stadtteil Al Rayyan das Arabische Museum für Moderne Kunst, das 2010 eröffnet wurde. Aus-

gangspunkt war die Kunstsammlung von Sheikh Hassan bin Mohammed bin Ali Al Thani, der 1986 sein erstes Bild ersteigert haben soll. Es folgten unzählige weitere, insgesamt soll das 1962 geborene Mitglied der Königsfamilie mit über 6.000 Gemälden die größte Sammlung in der arabischen Welt besitzen. Als der Acht-Millionen-Euro-Bau eröffnet wurde, sprach der Künstler, Forscher und Pädagoge Hassan davon, Katar solle damit zur Heimat arabischer Kunst im Mittleren Osten werden. Geleitet wird das Museum heute von Al Mayassa bint Hamad bin Khalifa Al Thani, einer Tochter des bis 2013 herrschenden Emirs.

## Corniche mit Sheraton, Al Bidda Park und Fishing Harbour

Die Corniche ist so etwas wie die Prachtstraße Dohas. Die breite, begrünte Palmen-Allee zieht sich über rund acht Kilometer wie eine Perlenschnur an der Bucht entlang. Bei einem Spaziergang schaut man unweigerlich immer wieder auf das türkisblaue Wasser und die zahlreichen Landmarken, mit der die Straße mittlerweile umbaut ist.

Die Corniche beginnt im Süden am Ras Abu Abboud und endet im Norden an der klassischen Pyramide des Sheraton Hotels. Hier, im bereits 1979 gebauten Hotel, das zusätzlich zu seinen 371 Zimmern und kompletter Luxusausstattung über 10.000 Quadratmeter Freifläche verfügt, nächtigt nicht nur der traditionsbewusste Geschäftsmensch, der nach Doha kommt. Das Sheraton hat sich mit seinen 26 Konferenzräumen auch einen Namen als wichtiges Gesprächszentrum der Organisation Arabischer Nationen gemacht. 2020 fand hier die Friedenskonferenz von Doha statt, bei der über den Abzug der US-Truppen aus Afghanistan verhandelt wurde.

In der Mitte der Corniche liegt der Al Bidda Park, die größte und schönste Grünanlage der Stadt. Mit einer Kunstgalerie und

einem Café für die Erwachsenen, Skaterbahn für Jugendliche und Kleineisenbahn für Kinder ist hier für jede Altersgruppe etwas geboten. Es gibt auch einen Teich mit Bootsverleih.

Nicht weit vom Park entfernt beginnt der Fishing Harbour, der gleichzeitig das Tor zum alten Zentrum der Stadt markiert. Bevor Öl und Gas das Geschäftsleben des Landes bestimmten, war es die Fischerei. Der Eingang ist mit einer alten Perlenmuschel markiert, links davon liegen zahlreiche alte Daus, die heute für touristische Rundfahrten genutzt werden.

## Souq al Waqif

Der schönste Markt Dohas wurde in traditioneller Art liebevoll restauriert, beziehungsweise neu aufgebaut. Entstanden ist ein prachtvoller Souk, in dem sich Besucher zuweilen in alte Zeiten arabischer Handelswirtschaft zurückversetzt fühlen können. Das Gassengewirr, das am Rande des alten Zentrums der Stadt und nicht weit vom Fishing Harbour liegt, diente einst als

Wochenendmarkt der Beduinen, auf dem sie ihre Waren ver-
kauften oder gegen anderes tauschten. Heute kann man in den
engen Gassen alles kaufen, was es auf arabischen Märkten so
gibt: Kleidung, Haushaltswaren, Kunsthandwerk, Gewürze,
Lebensmittel, Tiere und leider auch jede Menge Plastikzeugs
aus China. Herausragend ist sicherlich die Gasse, in der Fal-
ken zum Kauf angeboten werden. Nicht weit entfernt liegt eine
Falken-Klinik, in der das erkrankte Federvieh versorgt wird.
Die Atmosphäre des Souks ist eindrucksvoll, man kann in den
zahlreichen Restaurants und Cafés bei einem feinen Minztee
ganz ausgezeichnet eine Auszeit vom modern getakteten Busi-
nessleben Dohas nehmen.

## Katara Cultural Village

Rund um ein großes Amphitheater wurde am Rande des nördlichen Teils der Corniche auf einer Fläche von etwa drei Quadratkilometern ein traditionelles arabisches Dorf gestaltet. Im

angrenzenden Opera House spielt das Qatar Philharmonic Orchestra, dort sind bei Konzerten schnell alle Karten weg. Auf der Küstenseite des gemütlichen Viertels haben sich katarische Handwerker niedergelassen, die hübsche kleine Dinge wie Holz-Schiffchen, Duftkerzen und allerlei weiteren Tand verkaufen. Daran angrenzend eröffnet sich ein wunderbarer Badestrand, der mit Imbissbuden und Kinderspielplatz gut ausgestattet ist und auf dem man für ein paar Euro Eintritt ein paar nette Stunden am Meer verbringen kann. Es ist Dohas schönster Strand.

## The Pearl

Katarisches Highlife pur wird auf der künstlichen Insel The Pearl geboten. Der Edel-Stadtteil für etwa 30.000 Menschen ist nördlich der Doha-Bucht über einen von zwei mächtigen Toren bewachten Damm zu erreichen. Übrigens faktisch nur mit dem Auto, denn auf der Schnellstraße hat man es erstaunlicherweise versäumt, Wege für Radfahrer einzuplanen. Fußgän-

ger müssen sich waghalsig über diverse Schnellstraßen-Kreuzungen hinweg in Sicherheit bringen. Wer es trotzdem bis zur „Perle" schafft, möge sich ein dickes Fell bewahren, falls er Protz und Prunk nicht so zugeneigt ist. Man zeigt hier, was man hat. In den künstlich angelegten Vierteln rund um die vier Jachthäfen und Einkaufsmeilen wurden allerlei Baustile aus aller Welt kopiert. Appartementhäuser und Hotels im Stil der Toskana, der Provence, Andalusiens oder Kataloniens sollen dem Namen der „Riviera Arabiens" Inhalt verleihen. Als I-Tüpfelchen für betuchte Investoren entstanden im Norden der künstlichen Insel neun Satelliten-Halbinseln, auf denen ganz besonders exklusive Grundstücke für einzelne Prachtvillen entstanden sind. Wer die ganze Angelegenheit einmal betrachten möchte, kann dies bei einem Spaziergang ganz gut tun. Hinbringen lassen muss er sich allerdings auf vier Rädern, denn wie gesagt: Fußgänger und Radfahrer hatte man beim Bau der Anlage irgendwie nicht im Kopf.

## Kamelrennen in Al Shahaniya

Das rund eine Autostunde von Doha entfernte kleine Städtchen Al Shahaniya hat nicht viel zu bieten – aber einen großen Anziehungspunkt gibt es eben doch: den etwa vier Kilometer nördlich der Nationalstraße gelegenen Camel Racetrack. Auf dieser Rennbahn sprinten zwischen Oktober und Februar, wenn es nicht ganz so heiß ist, die Kamele. Ferngesteuerte, in bunte Renntrikots gehüllte Robotjockeys in Kindergröße begeistern Einheimische wie Touristen mit ihren Ritten auf den schlaksigen Tieren, die in hohem Tempo über die Sandbahn jagen. Die Roboter haben die einst eingesetzten Kinder-Jockeys ersetzt, die 2004 verboten wurden. Ein Rennkamel kann bei kurzen Sprints eine Geschwindigkeit von über 60 km/h erreichen und anschließend eine Stunde lang mit rund 50 km/h galoppieren. Der Bediener des Robotjockeys hat dabei die Möglichkeit, das Kamel mit einer Peitsche anzutreiben, den Roboter die Zügel anziehen zu lassen und dem Tier über einen integrierten Lautsprecher ermunternde Zurufe zu übermitteln

Jeden Freitag ist Renntag, Höhepunkt ist das seit 1972 im April ausgetragene „Emirs Camel Race", an dem sich die 200 schnellsten Tiere der Arabischen Halbinsel messen. In den Wochen zuvor ist Trainingsbetrieb in Al Shahaniya, was auch schon sehenswert ist. Man muss allerdings zur richtigen Zeit vor Ort sein, denn trainiert wird nur morgens zwischen 7 und 9 Uhr sowie nachmittags von 15.30 Uhr bis 17 Uhr. Sehenswert sind dann auch die bunten Zeltlager der Kamelbesitzer und Mitarbeiter, abendliche Shisha-Partys runden das Erlebnis ab.

## Al Maha Sanctuary

Die arabische Oryx-Antilope mit ihrem weißem Fell und den überlangen spitzen Hörnern gilt als Heiligtum in Katar – und dennoch ist sie vom Aussterben bedroht. Denn das große Tier kann nicht mehr überleben in der Wüste, weil es dort schon lange nicht mehr genügend Lebensraum findet. Schon die Beduinen haben die majestätische Antilope gejagt, weil sie deren Fleisch

verzehrten und scharf auf die Hörner waren, die als Aphrodisiakum galten.

Im Al Maha Sanctuary ist daher seit vielen Jahren eine Oryx-Zuchtstation untergebracht, die das Überleben der mittlerweile seltenen Art garantieren soll. Bis zu 100 Tiere werden hier pro Saison neu geboren, mit seinen relativ breiten Hufen kann es leicht im Sand laufen. Der Oryx ist als Tier mit enormer Ausdauer bekannt, das lange Strecken zurücklegen kann. Bis zu 70 Kilometer sollen nachts für die Tiere kein Problem sein. Wer die Zuchtstation besichtigen möchte, muss sich auf einen langen Weg durch die Wüste machen, denn das Sanctuary liegt quasi im Niemandsland zwischen Doha und der Westküste. Reiseanbieter aus der Stadt bieten Touren zur Zuchtstation an.

## Strand und Souk in Al Wakrah

18 Kilometer südlich von Doha ist der ehemalige Fischerei- und Perlenhandelshafen Al Wakrah gelegen. Verbunden mit der Hauptstadt auf zweierlei Verkehrswegen: Einmal über eine vier-

spurige üppige Staub-Autobahn. Seit Kurzem aber auch über die supermoderne Metro, die nur leider nicht genau bis ins Stadtinnere fährt, sondern blöderweise nur bis zur Nähe des vor der Stadt liegenden Stadions. Die restlichen fünf Kilometer bis zum wunderbaren Strand mit seinen Klasse-Restaurants und einem lustigen Souk muss man also zu Fuß am Rand der Schnellstraße oder besser mit einem Taxi bewältigen. Denn der angekündigte Bus kommt sowieso nicht zur Metro-Haltestelle.

## Khor al Udaid

Mitten in den Dünen der Wüste liegt ein hellblauer riesiger wunderschöner Salzwassersee. Obwohl er aussieht wie ein Binnensee, ist er ein Meeresarm, der in die Wüste hineinführt. Hier kann man chillen und schwimmen im Meer oder sich in den Dünen vergnügen mit Skiern, Sandboards, Quads oder Wüstenbuggies. Auf den Weg zur See im Süden sollte man sich keineswegs alleine machen, denn gute Ortskenntnisse sind elementar, wenn man nicht verloren gehen möchte. Nach dem Ende

der befestigten Straße in Sealine Beach (etwa 50 km von Doha entfernt) folgen etwa 40 Kilometer Sandpiste, vor deren Befahren der erfahrene Pilot Luft aus den Reifen lässt, um nicht im Sand zu versinken. Der Anblick bei der Ankunft ist spektakulär: Sanddünen umschließen einen großen smaragdfarbenen See aus Meerwasser. Mit etwas Glück hat man hier ein paar ruhige Stündchen für sich. Mit Pech ist gleichzeitig einer der zahlreichen Reiseanbieter aus Doha vor Ort, der das berüchtigte „Dune Bashing" im Programm hat. Dabei geht es darum, mit möglichst großhubräumigen Geländewagen möglichst schnell durch und über die Dünenlandschaft zu brettern. Jedem das Seine.

## Fort in Al Zubarah

In Al Zubarah liegt die imposante historische Festung, die 2013 von der Unesco als Weltkulturerbe eingestuft worden ist, weil sie eine der „besterhaltenen Beispiele einer Siedlung des 18. und 19. Jahrhunderts in dieser Region" sei. Das Fort an der Westküste Katars liegt etwa 105 Kilometer von Doha entfernt und dient

mit seinen dicken Lehmmauern, den Befestigungstürmen und alten Kanonen heute als Museum. Vom quadratischen Innenhof aus führen Eingänge zu den verschiedenen Ausstellungsräumen und Treppen hinauf zu den Wehrgängen. Bis 1978 wurde das Fort noch für militärische Zwecke benutzt, ehe es 1980 frisch renoviert als Museum neueröffnet wurde. Umgeben ist es von einer etwa 60 Hektar großen archäologischen Zone.

# Dos and Don'ts

*Kultur und Tradition sind in Katar sehr lebendig. Auf traditionelle Werte wie Gastfreundschaft und Höflichkeit wird viel Wert gelegt. Aber: Katar ist nun einmal arabisch und ein islamisch geprägtes Land. Daher unterscheiden sich die Verhaltensregeln in manchen Bereichen erheblich von europäischen. Ein paar kleine Tipps und Hinweise können also nicht schaden.*

## Dresscode: kurze Hosen – naja!

Ja, man sieht sie immer öfter in Doha und Umgebung: die kurze Hose. Eigentlich ist es verpönt, sich mit unbekleideten Beinen in der Öffentlichkeit zu zeigen. Auch bei Männern hat man es trotz brütend heißen Temperaturen in der Öffentlichkeit früher nie gesehen. Das hat sich bei zunehmendem Besuch westlicher Touristen ein wenig aufgeweicht, wenngleich kurze Hosen nach wie vor zum unangebrachten Kleidungsstück der Kataris gehören. Sie selbst würden immer eine bauschige lange Hose vorziehen, die im Übrigen in jedweder Verfassung als absolut akzeptiert gilt und überall gern gesehen wird.

Und klar: Einen noch strengeren Kleidungskodex gibt es für Frauen. In der Öffentlichkeit nicht angebracht sind:

- bauchfreie und schulterfreie Kleidung
- ein tiefes Dekolletee
- Trägeroberteile
- kurze Röcke und kurze oder enge Hosen

Ausnahmen sind zuweilen in den Einkaufsmalls zu sehen, wo westlichere Kleidung akzeptierter ist. Auf der Straße aber verhüllen sich die Frauen standesgemäß meist mit einem passenden Schal.

Vorsicht gilt natürlich und vor allem am Strand. Es gibt auch in Doha immer noch Bereiche am Meer, in denen ein Dresscode vorherrscht. Vor allem natürlich für Frauen, denen es nach wie vor strikt verboten ist, zum Beispiel nackte Haut an Bauch oder Rücken zu zeigen. Zum Glück weisen mittlerweile Hinweisschilder auf derartige Orte hin – aber ein wenig Aufmerksamkeit muss man schon mitbringen, um diese auch zu erkennen.

## Alkohol – kein Thema in Katar!

Er ist häufig und immer wieder thematisiert worden: der Alkoholgenuss in Katar. Grundsätzlich gilt: In Katar wird kein Alkohol getrunken. Es ist nicht nur verboten, sondern wird in der Gesellschaft schlicht auch nicht akzeptiert. Mit dem Einzug vieler Expatriates aus Europa ins Land ist diese Grundregel aber zunehmend ins Wanken geraten. Es gibt schon lange die Bars der größeren Hotels, in denen Alkohol – allerdings zu sehr saftigen Preisen – ausgeschenkt wird. Im „normalen" Leben kostet eine Flasche Bier in einer Hotelbar rund acht bis zehn Euro.

Hotels, die Alkohol ausschenken wollen, müssen dafür eine kostenpflichtige Lizenz beantragen, die dann auch nicht jede Bar erhält. Viele Hotelbars haben diese Lizenz aber gar nicht erst beantragt oder eine bereits genehmigte wieder zurückgegeben, weil es sich für sie nicht gelohnt hat. Zwar konnten sie mit Alkoholausschank unter den Gastarbeitern Kunden gewinnen. Unter den Einheimischen verloren sie aber viele, weil diese sich in Anwesenheit Alkohol trinkender anderer Gäste unwohl fühlten und das Etablissement fortan mieden. Es ist also keineswegs so, dass die Kataris irgendwie unter dem Alkoholverbot leiden. Nein, sie leben ganz einfach ohne Alkohol. Und fühlen sich sehr gut dabei.

Während der WM wird es diesbezüglich eine Ausnahmeregelung geben – den Veranstaltern ist völlig klar, dass sie der weltweiten Fanschar Alkohol nicht gänzlich vorenthalten können. Daher werden abgeschirmte Fanbereiche mit Alkoholausschank eingerichtet werden; vielleicht sogar auch in den Stadien.

Grundsätzlich möchten die Kataris ihren Gästen entgegenkommen. WM-Organisationschef Nasser Al Khater hat frühzeitig die Richtung vorgegeben: „Wir wollen zeigen, dass wir gastfreundliche Menschen sind. Aber umgekehrt erwarten wir, dass die Zuschauer unsere Normen, unsere Kultur und unsere Gesetze respektieren. Es soll eine Weltmeisterschaft für alle werden."

## Ansprache in der Öffentlichkeit

Bitte als Mann niemals eine arabische Frau einfach so auf der Straße ansprechen. Das gilt als unschicklich, vielerorts ist es auch einfach nicht erlaubt oder zumindest total unüblich. Es gibt viele arabische Frauen, die sich als private Personen im öffentlichen Raum bewegen und für fremde Männer schlicht tabu sind. Sie existieren für Männer im Idealfall einfach nicht. Etwas anders sieht es im Zusammenspiel zwischen Frauen aus. Da ist es überhaupt kein Problem, wenn die eine die andere anspricht. Einfache Regel also: Wenn man mal nach dem Weg fragen will und es läuft einem eine arabische Frau über den Weg: Lassen Sie die Ehefrau oder Partnerin die Ansprache suchen. Ganz wichtig dabei: In Katar gilt es als unhöflich, ein Gespräch zu starten, ohne den Gegenüber zuvor anständig zu begrüßen. Soviel Zeit muss also immer sein!

## Abaya – das Gewand der Frauen

In Deutschland ist man weithin der Meinung, in Katar sei es für die Frauen verpflichtend, sich komplett zu verschleiern. Was nicht stimmt. Die meisten katarischen Frauen zeigen ihr Gesicht und auch ihren Haaransatz. Und sie tragen ihre sogenannten „Abayas". Das sind meist schwarze Gewänder, die durchaus schick und nicht selten sogar figurbetont daherkommen. Die Abaya, die auch bunt sein kann, bedeckt also nur den Körper.

Die Abaya verhüllt keineswegs das Gesicht und wird von vielen katarischen Frauen auch als modisches Kleidungsstück eingesetzt.

Kabsa – Huhn auf gelbem Reis – ist ein typisches arabisches Gericht und absolut empfehlenswert.

Während die in Deutschland eher bekannte Burka aus anderen Kulturen stammt und die Trägerin von Kopf bis Fuß verhüllt. Also auch das Gesicht, das mit einem Textilgeflecht behängt wird, durch das man heraus-, aber nicht hineinsehen kann. Die Frauen in Katar tragen zur Abaya einen Schal, der die Haare verdeckt.

Wenn einem in Doha dennoch komplett verschleierte Frauen begegnen, liegt das daran, dass sie aus anderen Ländern stammen – wo es wieder andere Gebräuche und kulturelle Besonderheiten gibt …

## Madschlis – ein Raum für die Männer

Die Frauen sind auf dem Vormarsch in Katar! Gern würde man diese Parole hinausposaunen – doch leider ist es noch lange nicht so, dass Frau und Mann im Emirat tatsächlich vollständig gleichberechtigt sind. Das sieht und spürt man immer und überall, der Alltag ist durchsetzt mit spezifischen Rollen für das weibliche und männliche Geschlecht.

Deutlich wird das auch und vor allem im privaten Bereich, wo Männer und Frauen mitunter ein Paralleldasein leben, was sich auch in der Architektur und Einrichtung der katarischen Häuser widerspiegelt. Klassisches Beispiel ist die Madschlis oder Majlis, wie es auf Katarisch heißt. Das ist ein Raum, ähnlich dem Fremdenzimmer oder der „guten Stube" in der europäischen Kultur. Allein: Der Raum ist dem männlichen Geschlecht vorbehalten. Dort – in dem meist schön geschmückten und verzierten Raum mit edlen Möbeln – lädt der Herr des Hauses seine Gäste zu Gespräch, Kaffee und süßen Datteln ein. Hier werden auch Geschäftsgespräche geführt. Praktischerweise liegt dieses Zimmer immer etwas außerhalb des täglich genutzten Wohnbereichs, normalerweise gleich neben dem Eingang. Es ist dies auch in der Regel der einzige Raum mit Fenstern zur Straße hin, damit der Gast gar nicht erst in die Verlegenheit kommt, die Privatsphäre der Familie durchqueren zu müssen. Nun ist es nicht so, dass den Frauen die Gesellschaft anderer Frauen untersagt ist – ganz und gar nicht. Nur treffen sich die Damen im hinteren Teil der Heimstatt. Um genau wie die Männer vorne zu quatschen, arabischen Kaffee aus einer charakteristisch geformten Kanne (Dallah genannt) anzubieten und ein paar süße Datteln zu kauen.

## Frauen und Männer – getrennt. Fast überall!

In Katar ist nach wie vor fast alles nach Geschlechtern getrennt. In der Metro gibt es eigene Abteile mit Schutz der weiblichen Fahrgäste („Family"), in die Männer nur in Begleitung ihrer Ehefrauen dürfen. Auch in den meisten öffentlichen Gebäuden gibt es eigene Bereiche für Frauen: in Ämtern, Schulen, beim Arzt oder im Krankenhaus. Überall steht „Female Entrance" oder „Female Section". Und das gilt nicht nur für die arabischen Frauen. Auch von Europäerinnen wird erwartet, dass sie sich an die Geschlechtertrennung halten.

## Küssen verboten in Katar

Europäer, die nach Katar gehen und sich über Land und Leute informieren, wissen: Küssen ist in Katar verboten! Zärtliche Gesten in der Öffentlichkeit gelten hier als unzüchtiges Verhalten – selbst wenn man verheiratet ist. Werden Unverheiratete beim Stelldichein erwischt, droht sogar eine Haftstrafe – zumindest theoretisch. In Katar gilt die Schariah-Gesetzgebung und die gibt Regeln und Vorschriften aus dem konservativen Islam vor, die das Zusammenleben zwischen Mann und Frau ganz genau vorgeben. Und zwar sehr einschränkend! Die Regel lautet schlicht und ergreifend: Ein streng gläubiger muslimischer Mann darf in der Öffentlichkeit keinen Körperkontakt zu einer Frau haben. Inwieweit diese strengen Vorgaben auch während

der WM mit seinen Tausenden Besuchern aus aller Welt eingehalten werden können und sollen, ist schwer vorhersehbar. Klar
aber ist: Kaum jemand im Land wird wollen, dass es während
der WM zu so etwas wie Verhaftungen aufgrund von harmlo-
sen Liebesbeweisen kommt. Schließlich wissen die Kataris ganz
genau, dass sie sich mit derart strengen Auslegungen und Voll-
zügen ihrer Gesetze weltweit in ein denkbar schlechtes Licht
rücken würden.

Schon im Vorfeld ist natürlich auch der Umgang mit Homosexualität im Land intensiv diskutiert worden. Homosexualität
ist in Katar strengstens verboten – so das Gesetz. Nur: Im Land
agieren neben den konservativen Vertretern zunehmend modern
eingestellte Akteure, die genau jene Gesetze liebend gern aufwei-
chen würden. Es kostet halt seine Zeit.

Und die Offiziellen winden sich, wenn sie auf dieses Thema
angesprochen werden. So musste Nasser Al-Khater, vormaliger
Geschäftsführer des Organisationskomitees der WM, in einem
Interview mit dem Nachrichtensender CNN im Dezember 2021
regelrecht herumeiern: Er erklärte unter anderem, dass es während der Weltmeisterschaft erlaubt wäre, Regenbogenflaggen
ins Land mitzunehmen und man könne diese sogar im Stadion
schwenken. Formal aber drohen Lesben und Schwulen bis zu
sieben Jahre Haft in Katar, Muslimen droht für homosexuelle
Handlungen theoretisch sogar die Todesstrafe. Darauf angesprochen, erwiderte Al-Khater, Katar sei ein „sehr gastfreundliches
und tolerantes Land". Er verstehe die Frage nicht, weil Menschen in Katar nicht nur ins Gefängnis kommen könnten, weil
sie homosexuell seien, sondern auch „weil sie heterosexuell sind".
Auf Nachfragen gestand der WM-Geschäftsführer, dass Katar
„ein sittsames Land" sei. Das sei das Einzige, was man respektieren müsse. „Ansonsten können Menschen ihr Leben hier frei
leben", so Al-Kather – ohne genau zu erklären, was er unter „sitt-
sam" verstehe. Er sagte nur, dass das öffentliche Zurschaustellen
von Zuneigung verpönt sei – „das gilt für die gesamte Region".

## Starren und fotografieren unerwünscht

Kataris sind ganz außerordentlich auf ihre Privatsphäre bedacht. Sie mögen es gar nicht, auffällig von Fremden angeschaut oder gar angestarrt zu werden. Da mag das Aussehen oder die Kleidung noch so bunt, exotisch oder auffällig sein – es gilt als allgemeine Höflichkeitsform und gesellschaftliche Grundregel, dass man den Blick nach angemessener Zeit abwendet. Ebenso ist es ganz und gar nicht okay in Katar, andere Menschen ohne deren ausdrückliche Erlaubnis zu fotografieren. Vorsicht auch bei interessanten Motiven im Umfeld von Polizei oder Militär. Auch hier gilt: Fotografieren strengstens verboten!

## Pullover nicht vergessen!

Trotz der heißen Temperaturen sollten Katar-Besucher immer einen Pullover oder Ähnliches mit sich führen. Grund sind die überall verbauten Klimaanlagen, die auch im angenehm temperierten Winter sämtliche Innenräume zuweilen bis auf gefühlte Frost-Temperaturen herunterkühlen. Sparkassen, Einkaufs-Malls, öffentliche Gebäude, Metro, Busse und sogar im Souk – überall besteht erhöhte Erkältungsgefahr!

## Lecker! Speisen in Katar

Die katarische Küche unterscheidet sich eigentlich kaum von anderen arabischen Ländern. Absolut zu empfehlen sind frische Fischgerichte und Fleisch. Meist gibt es Lamm, Hammel, Hühnchen oder Ziege. Dazu wird Reis und Brot gegessen, die Soßen basieren in der Regel auf Joghurt.

Traditionelle Gerichte sind:

- Machbus: ein Eintopf aus Reis, Fisch oder Fleisch und Gewürzen
- Shawarma: ein Fleischspieß, der in dünnem Fladenbrot mit Tahini, Gemüse und Salat meist als Imbiss serviert wird

189

- Ful: frittierte Kugeln aus Kichererbsen
- Kabsa: Hähnchen auf meist gelbem Reis mit diversen Gewürzen
- Harissa: bekannt entweder als eine scharfe Gewürzpaste oder als porridgeartiger Brei aus Weizenkörnern, der mit zerkleinertem Lamm und Gewürzen verfeinert wird

Besonders beliebt und absolut empfehlenswert sind Datteln, die man dringend probieren sollte. Halva und Om Ali sind typische Süßspeisen.

## Der Autor

**Olaf Jansen**

Freier Journalist und Buchautor aus Köln. Arbeitet hauptsächlich für den WDR, ARD-Sportschau-Online, die Deutsche Welle und diverse Tageszeitungen. Dazu widmet er sich gern und viel seinen Spezialthemen im internationalen Fußball. Als Spezialist für Afrikanischen Fußball ist er bekannt – das Buch „Der Afrika-Cup" (2018) kann als deutschsprachiger Almanach über die Geschichte des afrikanischen Fußballs gelten.

## Mitarbeit

**Roland Bischof**

Roland Bischof ist einer der renommiertesten Experten im Sportmarketing in Deutschland mit den Schwerpunkten Sponsoring, Marketing, Media & Markenbotschafter. Neben seiner Erfahrung aus 35-jähriger Branchenzugehörigkeit verfügt er zudem über exzellente Kenntnisse, Hintergrundwissen und direkte Kontakte in Katar.